이야기로 배우는 내부회계관리제도 실전 가이드

'내부회계관리제도'
미로 탈출기

이야기로 배우는 내부회계관리제도 실전 가이드

'내부회계관리제도'
미로 탈출기

임방진, 김승주 지음

매일경제신문사

> **지은이의 말**

내부회계관리제도.
이 제도를 처음 접했을 때가 아직도 기억납니다.
여러 해 전, 금융그룹 대상 첫 구축 프로젝트 제안서를 준비하면서 'Internal Controls over Financial Reporting'을 '재무보고내부통제'라고 번역했습니다. 그때는 단어 하나하나가 낯설고, '과연 이 제도가 우리 회사들 현실에 맞는 것일까?' 하는 의문도 들었습니다.

시간이 흐르며 제도는 제도대로 자리 잡았습니다. 외감법이 개정되고, 상장회사는 내부회계관리제도에 대해 외부감사까지 받게 되었습니다. 하지만, 겉으로 보기에 체계가 완성된 듯해도, 현장에서 만나는 분들의 표정에는 여전히 물음이 많습니다.

"이걸 왜 해야 하지?"
"어디서부터 시작해야 하지?"

제도는 정착되었지만, 마음은 아직 따라가지 못하고 있다는 인상을 받을 때가 많습니다. 솔직히 말씀드려서, 내부회계관리제도는 어렵습니다. 문서화는 끝이 없고, 설계·운영·평가·보고까지의 과정은 복잡합니다. 하루하루가 점검과 증빙, 회의와 수정의 연속입니다.
'힘들다'라는 말로는 부족하고, 때로는 '고통스럽다'라는 표현이 더 가까울 때도 있습니다. 참고자료와 매뉴얼은 넘쳐나지만, 막상 읽어보면 쉽게 와닿지 않습니다. 글자는 빽빽하고, 문장은 딱딱합니다. 마음먹고 읽기 시작해도 눈에 들어오지 않고, 졸음만 쏟아집니다. 게다가 갑작스럽게 내부회계관리제도 담당자로 지명된 분이라면, 어디서부터 손을 대야 할지 막막하실 것입니다.

그래서 이 책을 썼습니다.
모든 것을 담으려 하지 않았습니다. 담을 수도 없습니다. 회사마다 상황이 다르고, 통제의 모양도 제각각이기 때문입니다. 다만 실무자의 시선에서 이야기하듯 따라가 '아, 내부회계관리제도가 이런 흐름으로 작동하는구나' 하는 정도의 감을 잡으실 수 있다면, 그걸로 충분하다고 생각했습니다.

이 책이 완벽한 해답을 드리지는 못하겠지만, 적어도 이 길을 혼자 걷고 있는 것은 아니라는 위로가 되었으면 합니다.
그리고 언젠가 이 복잡하고 버거운 제도 속에서도 조금은 미소 지을 수 있는 날이 오기를 바라며….

프롤로그

"이걸 대체 왜 나에게 맡긴 거지? 어쩌라고?!"

갑자기 내부회계관리제도 담당이 된
'나동제 수석'의 당황스러운 하루

"나동제 수석님, 이번에 신설한 내부회계관리제도 파트를 나 수석께서 담당하도록 했습니다."

출장에서 돌아온 월요일 아침, 커피 한 모금 마시기도 전에 들려온 CFO 김윤정 상무의 말이었다.

"네?!"

나동제는 얼떨결에 대답 아닌 대답을 했지만, 속으로는 묻고 싶었다.

'물론 대략은 들어봤다. 회계 쪽에서 뭔가 중요한 제도라는 것도 알고 있었다. 그런데 그게 왜 하필 나인가? 재무팀엔 회계경력 10년 넘은 선배도 있고, 재무팀장님은 회계사 자격증도 있다. 심지어, 내부회계관리제도 담당자가 있었는데? 아, 그 사람이 작년 말 퇴사했지. "너무 버거워서 더는 못 하겠다"라는 말을 남기고…. 그래도 뜬금없이 총무팀 소

속인 내가 그걸 맡게 되다니. 대학에서 회계과목 좀 수강했다고 해서 다 회계에 정통한 것은 아닌데.'

사무실 분위기는 미묘했다. "고생 좀 하겠네"라며 웃는 동료도 있었고, "그거 진짜 힘들다던데" 하고 걱정스레 조언을 건네는 사람도 있었다. 그런데 아무도 '어떻게 해야 한다'라는 말은 하지 않았다. 어쩌면 그들조차 제대로 몰랐던 것일지도 모른다.

"작년 말에 우리 회사의 자산총액이 천억 원이 넘는 바람에 올해부터는 내부회계관리제도 감사를 받아야 합니다. 당장 다음 주 월요일 임원회의 때, 올해 내부회계관리제도 운영 방향에 대해 보고를 해야 하니까 준비를 좀 해주세요."

새로운 자리에 앉자마자 상무님의 지시가 이어졌다.

"아, 네."

얼떨결에 대답은 했지만, '헉, 뭘 어쩌지? 뭐부터 해야 하는 거야?' 하며 머리가 하얘졌다.

'그러니까, 갑자기 감사 대상이 되었다는 거구나. 잘은 몰라도, 대충 검토만 받는 것과 감사를 받는 건 완전 차원이 다른 것 아닌가? 아… 이래

서 전임자가 퇴사한 것 아냐?'

나동제는 속으로 중얼거렸다.

일단, 공용폴더를 찾아봤다. 전임자가 인수인계를 위해 모아놓은 내부회계관리제도 폴더가 있었다. 열어보니 수년 전 회계법인에게 컨설팅을 받아 만들었던 여러 서식과 매뉴얼이 보였다. '내부회계관리제도 구축 프로젝트'라는 이름의 폴더는 무려 3년 전에 마지막으로 수정되어 있었다.

"엥? 이걸로 되는 건가?"

고개를 갸웃거리던 그때, 김 상무가 어떤 사람을 소개했다.

"나 수석님, 아무래도 혼자서는 감당하기 버거울 것 같아, 자문해주실 분을 모셨어요. 공영칠 회계사님이세요. 실무적으로 많이 도와주실 거니까 잘 협의해주세요."

공 회계사는 마른 체형에 안경을 쓴 50대 초반쯤 되는 사람이었다. 말투는 느긋했고, 인상은 하회탈 같은 웃는 얼굴이었지만, 눈빛은 날카로웠다. 첫 인사에서 그는 이런 말을 남겼다.

"나 수석님, 처음 뵙겠습니다. 아이넥사의 내부회계관리제도 자문을 맡게 된 공영칠 회계사입니다."

"네…. 안녕하세요. 내부회계는 제가 사실 완전히는 아직…."

말끝을 흐리는 나동제에게 공 회계사는 미소를 지으며 말했다.

"괜찮습니다. 처음이라면 당연히 모를 수 있죠. 내부회계관리제도가 뭔지부터 하나씩 정리해가시죠."

그러면서 덧붙인다.

"나 수석님, 내부회계관리제도 너무 어렵게 생각하지 마세요. 하지만, 주식회사 아이넥사 입장에서는 올해부터 형식만 갖춰놓고 '되는 척'하던 시절은 지났습니다. 이제는 실제로 '해야 하는' 시간이네요."

그 말이 어쩐지 섬뜩하게 들렸다.

'이게 승진의 길일까, 아님 퇴사의 길일까?'

어쨌거나, 고생은 이미 시작되었다.

회사 소개 - ㈜아이넥사(Ainexa Inc.)

Ainexa(이하 아이넥사)는 기업 고객의 비즈니스 혁신을 위한 이커머스, AI 마테크, 디지털 전환 특화 B2B 소프트웨어 플랫폼 기업이다. 아이넥사는 AI+Nexus(연결)+Acceleration(성장가속)의 조합으로 기업 고객을 위한 스마트 연결, 빠른 전환, 플랫폼 중심 지능형 솔루션이라는 메시지다.

고객 맞춤형 구축이 가능한 커머스 플랫폼, AI 기반 마케팅 자동화, 기업 IT 환경에 적합한 디지털 전환 솔루션까지, 아이넥사는 기술을 넘어 비즈니스 성과 중심의 솔루션을 제공하고 있다.

아이넥사는 빠르게 성장한 테크 기업이다. 이커머스 플랫폼에 AI 추천엔진까지 탑재하면서, 상장 이후 매출과 자산이 빠르게 증가했다. 20XX년 현재 16기를 맞이하고 있으며, 12기에 코스닥시장에 상장했다. 즉, 상장한 지는 올해로 5년 차. 재작년까지만 해도 자산총액이 1천억 원이 안 돼서 내부회계관리제도와 관련해 외부감사인의 '검토보고서'만 받으면 됐었다. 하지만 작년 말 기준으로 자산총액이 1천억 원을 넘었다. 이제는 외부감사인의 '감사의견'을 받아야 하는 회사가 되어버린 것이다.

회사 조직도 및 등장인물 소개

조직도

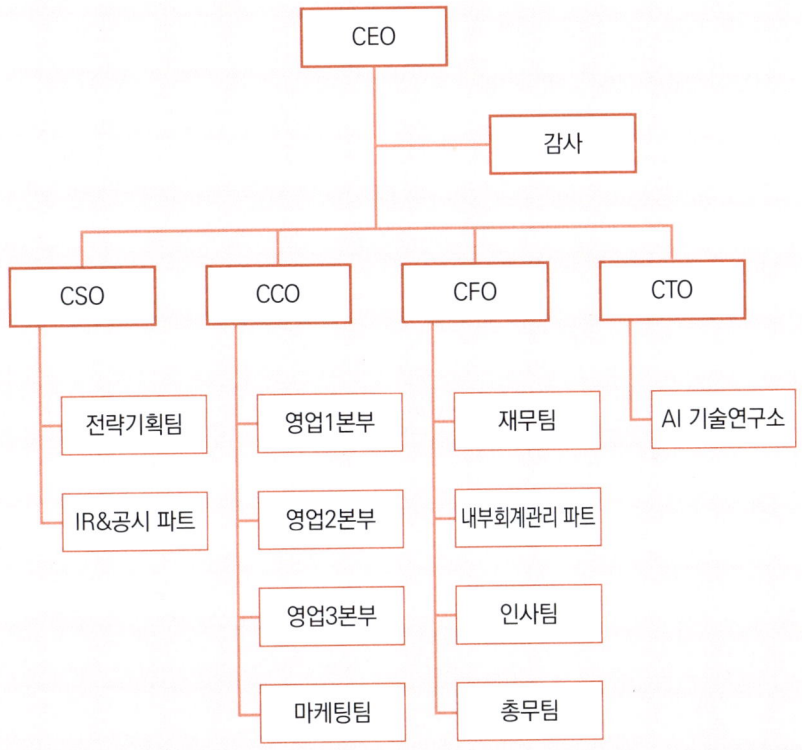

주요 직책 및 부서별 업무

Chief Strategy Officer(CSO) - 전략기획 총괄
Chief Commercial Officer(CCO) - 영업 총괄
Chief Financial Officer(CFO) - 재무 총괄
Chief Technology Officer(CTO) - 기술 총괄

부서명	주요 업무
전략기획팀	중장기 전략 수립, 사업 포트폴리오 분석, M&A, JV 추진
IR&공시 파트	대외 커뮤니케이션(IR/공시)
영업본부	B2B/B2C 세일즈 관리, 파트너 채널 운영, 수주/계약/CRM 운영
마케팅팀	브랜드 전략 수립, 온라인/오프라인 캠페인, 고객 데이터 분석
재무팀	회계/세무 결산, 예산관리 및 재무분석, 자금 집행 및 조달
내부회계관리 파트	내부회계관리제도 운영
인사팀	인사/채용/평가, 복리후생 운영
총무팀	자산관리, 계약관리, 사내 행사
기술연구소(CTO 산하)	기술 로드맵 수립, 핵심기술 연구개발, 특허 출원·관리

주요 등장인물 소개

- **나동제 수석**(내부회계관리 파트장) – 주인공, ICFR 담당 실무자, 원래는 총무 업무를 맡고 있었으나, 전임자 퇴사로 ICFR을 떠맡게 됨. 각 임원 산하 실무팀과 협업이 필요한 상황

- **공영칠 회계사** – 외부전문가로서 내부회계관리제도 관련 자문역으로 초빙됨. ICFR 관련 용역 및 감사를 10년 넘게 수행

- **박세진 대표이사**(CEO) – 창업자, 전략 중심형 리더, ICFR에 큰 관심은 없지만, '감사에서 이슈가 생기면 안 된다'라는 감각은 있으며, 실무를 직접 챙기진 않지만 내부회계관리제도 운영실태보고서 서명은 자신이 해야 하므로 나름 신경씀.

- **김윤정 상무**(CFO) – 관리총괄 임원, 실질적 실무 책임자, 회계/자금/총무/인사까지 총괄하며 업무량이 많지만 시스템화된 통제를 중시

목차

지은이의 말·· 4
프롤로그 "이걸 대체 왜 나에게 맡긴 거지? 어쩌라고?!" ·················· 6

1장. 내부회계관리제도, 구체적으로 그게 뭔가요?

내부회계관리제도가 뭔지는 알아야지!································· 20
내부회계관리제도의 정의·· 22
내부회계관리제도를 위해 갖춰야 할 것들······························ 24
형식만이 아닌 실질적이고 효과적인 내부회계관리제도가 필요하다········ 29
왜 갑자기 이게 ㈜아이넥사에게 중요해졌나? 검토와 감사의 차이········ 32

2장. 현황진단 : 지금 우리 회사, 어디쯤 있나?

"예전에 외주 줬던 그 매뉴얼…. 그대로 써도 될까요?"·············· 42
문서화, 도대체 어디까지, 얼마나?·· 47
형식과 실질의 간극·· 52
현황진단 : 전사수준 통제 – 형식과 실질의 간극······················ 56
현황진단 : 회계처리, 결산과 재무보고 프로세스 진단················ 59
현황진단 : 결과 요약 – 미비점과 개선 과제들························· 62
What's next?·· 64

3장. 재무보고위험의 식별부터

"아니, 틀이 왜 2개인가요?" ··· 68
"스코핑? 그게 뭐죠?" ··· 73
재무보고 위험부터 식별하라? 그런데, 재무보고 위험이란? ····················· 75
양적·질적 요소를 고려한 유의한 계정과목과 주석정보의 파악················· 79
부정위험! 우리가 그럴 리 없다는 생각이 제일 위험하다 ······················· 83
재무제표에 대한 경영자 주장 : "주장 없이 통제 없다" ························· 86
아이넥사의 유의한 계정과목별 경영자 주장 ····································· 91
유의한 업무 프로세스 파악 : "통제는 흐름 속에서 시작된다" ··············· 126

4장. 통제를 (재)설계하라

"통제설계는 어디서부터 시작하나요?" ·· 134
전사수준통제부터 바로잡읍시다 ··· 137
외감법 등의 요구사항과 부정방지 프로그램도 반드시 고려해야············· 143
ITGC : "시스템에도 통제가 필요하다" ··· 147

5장. 업무수준통제의 설계 및 구축 그리고 문서화

계약 검토 및 수주관리 ·· 152
프로젝트 수행 및 수익 인식 ··· 155
청구 및 수금관리 ··· 157

외주용역 구매 및 계약 ·· 159
외주용역 검수 및 채무 인식 ·· 161
지급 처리 및 실행 ··· 163
급여 및 복리후생비 산정 ··· 165
급여 지급 및 원천세 신고 ·· 167
주식 기준 보상 운영 ·· 169
연구개발 및 무형자산관리 ··· 171
금융자산관리 ·· 173
리스자산 및 부채관리 ·· 175
자금 운용 및 조달 ··· 177
법인카드관리 ·· 179
전표 생성 및 일반장부 마감 ··· 181
결산 조정 및 재무제표 작성 ··· 183
세무조정 및 법인세비용 산정 ··· 185
공시 및 외부보고 ··· 187
아이넥사의 프로세스별 핵심주장과 핵심통제 요약 ··············· 189

6장. 설계의 효과성 평가(Walk-through Test)

전환점 – 설계 문서화를 마치고, Walk-through로ꞏꞏꞏꞏꞏꞏꞏꞏꞏꞏꞏꞏꞏꞏꞏꞏꞏꞏꞏ 194
Walk-Through 사례 : 계약 검토부터 수금까지의 거래 추적ꞏꞏꞏꞏꞏꞏꞏ 197
보고 미팅 – 내부회계관리제도 설계 효과성 평가 결과 보고ꞏꞏꞏꞏꞏꞏꞏꞏꞏꞏꞏ 200
내부회계관리제도 설계 효과성 평가 결과 임원 보고 자료 ··········· 202

7장. 통제 운영의 시작과 중간평가 준비

"자, 이제는 무엇을 해야 하나?" ·· 208
테스트 절차서 개요 – 운영의 효과성을 어떻게 증명할 것인가? ·················· 211
운영의 효과성 테스트 절차서 템플릿 구성 ·· 215
테스트 절차서 작성하기 ··· 218
전사통제 테스트 절차서 작성 ··· 223
ITGC 테스트 절차서 작성 ·· 226
"테스터는 누가 맡아야 하지?" ·· 229

8장. 중간평가 그리고 외부감사

중간평가(운영의 효과성 평가) 수행 ·· 236
"중간평가 결과를 내놓다" ·· 244
11월 외부감사인 중간감사 미팅 ·· 247

9장. 기말평가(운영의 효과성 평가)

기말 운영평가 ·· 252
기말 운영평가 보고(경영진 보고) ·· 259

10장. 대표자와 감사의 내부회계관리제도 평가 결론

대표자의 내부회계관리제도 운영실태보고서 결론·····························266
감사의 내부회계관리제도 평가 결론··268

11장. 외부감사인의 내부회계관리제도 기말감사

외부감사인의 내부회계관리제도 기말감사···272

12장. 이사회 보고

대표이사의 '내부회계관리제도 운영실태보고서' 이사회 보고················282
감사의 '내부회계관리제도 운영실태평가보고서' 이사회 보고················284

13장. 아이넥사 정기주주총회 – 내부회계관리제도 보고

아이넥사 정기주주총회 – 내부회계관리제도 보고······························288

에필로그 새로운 시작··294

1장

내부회계관리제도,
구체적으로 그게 뭔가요?

내부회계관리제도가
뭔지는 알아야지!

20XX년 2월, 임원회의

영업부문장 : "결국 이거, 재무팀이 문서 몇 개만 정리하면 되는 것 아닌가요?"

이순진 선임 : "그게 아니고요, 부문장님. 이건 전사적인 내부통제 관련 문제라서 각 부서 협조 없이는… 게다가 올해부터는 감사도 받아야 하는 상황이라 재무팀이 대충 처리할 수 있는 수준이 아니거든요."

영업부문장 : "에이, 또 시작이네. 재무팀 일인데 왜 우리가 신경 써야 돼?"

나동제 수석의 전임자였던 이순진 선임이 '내부회계관리제도 운영계획(안)'을 발표하자, 영업총괄 부사장인 영업부문장의 반응이었다. 임원들 사이에 묘한 긴장감이 흐른다. 대표이사부터 영업본부장들, 전략기획임원, 연구소장까지도 모두 말은 아끼지만 눈빛은 불편해 보인다. 결국 대표이사가 물었다.

"그래서 그게… 구체적으로 뭡니까? 뭘 어떻게 해야 하죠?"

정작 지난 몇 년간 '내부회계관리제도 운영실태보고서'에 서명을 해왔던 대표이사가 이런 질문을 해서였을까? 그 다음 날 이순진 선임은 사표를 냈고, 한달 후 나동제 수석이 신설된 내부회계관리 파트로 발령난 것이다.

내부회계관리제도의
정의

20XX년 3월, 아이넥사 본사 회의실

나동제 수석의 발령이 나고 며칠 후, 자문을 맡은 공영칠 회계사와의 첫 미팅이 있었다. PPT로 정리한 자료를 내밀며, 설명을 시작한다.

공영칠 회계사 : "우선 기본적인 사항들부터 정리하고 가시죠. 간단한 배경을 말하자면, 20여 년 전에 세상을 시끄럽게 한 미국의 엔론(Enron)사의 회계부정 사건 이후, 이에 대한 대응으로 2002년에 사베인스-옥슬리법이 도입이 되었고, 한국에서도 분식회계 같은 회계부정 사건이 끊이지 않자 미국과 유사하게 외부감사에 관한 법률을 통해 내부회계관리제도가 법제화되었습니다. 뭐 상세한 배경보다는 이 제도가 법으로 규정되었으니, 이게 무엇이고, 뭘 해야 하는지가 중요하겠죠."

나동제 수석 : "네, 맞습니다. 이게 무엇인지, 그래서 뭘 어떻게 해야 할지를 알아야 실행을 하니까요."

공영칠 회계사 : "내부회계관리제도는 회사가 재무제표를 신뢰성 있게 작성·공시할 수 있도록 회사가 갖추고 지켜야 할 재무보고에 대한 내부통제를 의미합니다. 영어로 Internal Controls over Financial

Reporting이라고 하고, 약자로 ICFR로 표기합니다."

나동제 수석 : "재무보고에 대한 내부통제."

공영칠 회계사 : "네, 재무보고에 대한 내부통제, 즉 잘못된 회계처리나 부정, 실수를 사전에 방지하거나 적시에 발견할 수 있도록 회사 내부의 조직과 업무분장, 문서화, 승인 절차, 시스템 등을 설계해서 구축하고, 실제로 운영해야 한다는 의미입니다."

나동제 수석 : "아, 네…."

공영칠 회계사 : "내부회계관리제도는 사실 외부감사인을 위한 게 아니라, 회사가 책임 있게 회계정보를 만들기 위한 자율적인 장치입니다. 예를 들면, 급여나 개발비, 판관비 같은 비용처리가 누락되지 않도록 체크리스트를 만들거나, 매출 인식 시점이 잘못되지 않도록 검토하는 과정 같은 것들이죠."

나동제 수석 : "재무팀이 혼자서 할 수 있는 일이 아니네요."

공영칠 회계사 : "맞습니다. 당연히 내부회계관리제도는 재무팀 혼자 할 수 없습니다. 영업도, 인사도 모두 이 체계 안에 들어가 있어야 하는 것이죠. 그리고, 내부회계관리제도는 외부에 공시되는 재무제표의 신뢰성 확보를 목적으로 하는 것인데, 여기에 자산의 보호 및 부정방지 프로그램이 포함됩니다. 재무제표에 중요한 영향을 미칠 수 있는 승인되지 않은 자산의 취득, 사용, 처분을 예방하고 적시에 적발할 수 있는 체계와 경영진의 권한남용이나 통제무시위험 등에 대한 적절한 부정방지 프로그램이 있어야 한다는 것이죠."

나동제 수석 : "횡령이나 부정행위에 대한 통제까지 모두 포함되는 거군요."

내부회계관리제도를 위해
갖춰야 할 것들

공영칠 회계사 : "내부회계관리제도는 법적 기반과 몇 가지 기준이 있습니다. 크게 보면 대략 다음과 같은 기준들입니다. 이들은 운용과정에서 참고서처럼 사용하면 됩니다."

- 외부감사법 제8조 : 내부회계관리제도 설치·운영의무 규정
- 설계 및 운영 개념체계 : 내부회계관리제도운영위원회가 만든 원칙 기반 지침
- 평가 및 보고 기준 : 금융감독원이 제정한 회사가 내부적으로 어떻게 평가하고 보고할지를 정한 기준
- 감사 기준서 1100호 : 한국공인회계사회가 제정한 외부감사인이 내부회계관리제도 감사를 할 때의 준거 기준

공영칠 회계사 : "다음 페이지를 보시면, 외부감사법 제8조의 내용인데요. 여기에 내부회계관리제도를 위해 어떤 것을 갖춰야 하는지와 누가 무엇을 해야 하는지가 규정되어 있습니다. 가장 기본이 되는 법규정이니 꼼꼼하게 살펴보고 숙지할 필요가 있습니다."

주식회사 등의 외부감사에 관한 법률(약칭 : 외부감사법)
[법률 제20055호, 2024. 1. 16.]

제8조(**내부회계관리제도의 운영 등**) ① 회사는 신뢰할 수 있는 회계정보의 작성과 공시(公示)를 위하여 다음 각 호의 사항이 포함된 <u>**내부회계관리규정**과 **이를 관리·운영하는 조직**</u>(이하 "내부회계관리제도"라 한다)을 갖추어야 한다. 다만, 주권상장법인이 아닌 회사로서 직전 사업연도 말의 자산총액이 1천억 원 미만인 회사와 대통령령으로 정하는 회사는 그러하지 아니하다.

　1. 회계정보(회계정보의 기초가 되는 거래에 관한 정보를 포함한다. 이하 이 조에서 같다)의 식별·측정·분류·기록 및 보고 방법에 관한 사항
　2. 회계정보의 오류를 통제하고 이를 수정하는 방법에 관한 사항
　3. 회계정보에 대한 정기적인 점검 및 조정 등 내부검증에 관한 사항
　4. 회계정보를 기록·보관하는 장부(자기테이프·디스켓, 그 밖의 정보보존장치를 포함한다)의 관리 방법과 위조·변조·훼손 및 파기를 방지하기 위한 통제 절차에 관한 사항
　5. 회계정보의 작성 및 공시와 관련된 임직원의 업무 분장과 책임에 관한 사항
　6. 그 밖에 신뢰할 수 있는 회계정보의 작성과 공시를 위하여 필요한 사항으로서 대통령령으로 정하는 사항

② 회사는 내부회계관리제도에 의하지 아니하고 회계정보를 작성하거나 내부회계관리제도에 따라 작성된 회계정보를 위조·변조·훼손 및 파기해서는 아니 된다.

③ 회사의 **대표자**는 내부회계관리제도의 관리·운영을 책임지며, 이를 담당하는 상근이사(담당하는 이사가 없는 경우에는 해당 이사의 업무를 집행하는 자를 말한다) 1명을 내부회계관리자(이하 "**내부회계관리자**"라 한다)로 지정하여야 한다.

④ 회사의 **대표자**는 사업연도마다 **주주총회, 이사회 및 감사**(감사위원회가 설치된 경우에는 감사위원회를 말한다. 이하 이 조에서 같다)에게 해당 회사의 **내부회계관리제도의 운영실태를 보고**하여야 한다. 다만, 회사의 대표자가 필요하다고 판단하는 경우 이사회 및 감사에 대한 보고는 내부회계관리자가 하도록 할 수 있다.

⑤ 회사의 **감사**는 내부회계관리제도의 **운영실태를 평가하여 이사회에 사업연도마다 보고**하고 그 평가보고서를 해당 회사의 본점에 5년간 비치하여야 한다. 이 경우 내부회계관리제도의 관리·운영에 대하여 시정 의견이 있으면 그 의견을 포함하여 보고하여야 한다.

⑥ **감사인**은 회계감사를 실시할 때 해당 회사가 이 조에서 정한 사항을 준수했는지

여부 및 제4항에 따른 내부회계관리제도의 **운영실태에 관한 보고내용을 검토**하여야 한다. 다만, **주권상장법인**(직전 사업연도 말의 자산총액이 1천억 원 미만인 주권상장법인은 제외한다)의 감사인은 이 조에서 정한 사항을 준수했는지 여부 및 제4항에 따른 내부회계관리제도의 운영실태에 관한 보고내용을 **감사**하여야 한다.〈개정 2023. 1. 17.〉

⑦ 제6항에 따라 검토 또는 감사를 한 감사인은 그 검토결과 또는 감사결과에 대한 종합의견을 감사보고서에 표명하여야 한다.

⑧ 제1항부터 제7항까지에서 규정한 사항 외에 내부회계관리제도의 운영 등에 필요한 사항은 대통령령으로 정한다.

공영칠 회계사 : "전반적인 흐름을 정리하면 아래 그림과 같습니다. 우선 회사 전체적으로 내부회계관리제도를 구축하고 운영하죠. 이에 대해 대표이사는 내부회계관리제도 운영실태보고서를 작성해서 이사회, 감사 그리고 주주총회에 보고하고, 감사는 이러한 내부회계관리제도 운영실태를 평가해 이사회에 보고합니다. 여기에 더해서, 외부감사인은 회사의 내부회계관리제도에 대해 감사를 실시하고 의견을 표명하는 복합구조입니다."

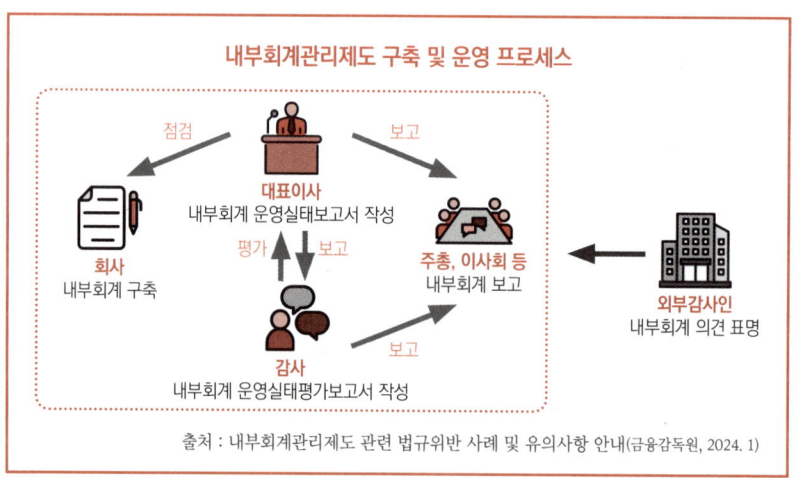

출처 : 내부회계관리제도 관련 법규위반 사례 및 유의사항 안내(금융감독원, 2024. 1)

나동제 수석 : "아이고."

나동제는 벌써 머리가 지끈하다.

공영칠 회계사 : "가장 먼저 회사는 내부회계관리규정과 이를 관리·운영하는 조직을 갖춰야 하는데요. 외부감사법 제8조 제1항 6호에서 말하는 '대통령령' 규정은 시행령 제9조 제2항입니다. 그래서, 내부회계관리규정에 포함될 사항들을 다시 정리하면 이렇습니다."

내부회계관리규정에 포함되어야 할 사항

- 회계정보의 식별·측정·분류·기록 및 보고 방법에 관한 사항(법)
- 회계정보의 오류를 통제하고 이를 수정하는 방법에 관한 사항(법)
- 회계정보에 대한 정기적인 점검 및 조정 등 내부검증에 관한 사항(법)
- 회계정보를 기록·보관하는 장부(자기테이프·디스켓, 그 밖의 정보보존장치를 포함한다)의 관리 방법과 위조·변조·훼손 및 파기를 방지하기 위한 통제 절차에 관한 사항(법)
- 회계정보의 작성 및 공시와 관련된 임직원의 업무 분장과 책임에 관한 사항(법)
- 내부회계관리규정의 제정 및 개정을 위한 절차(영)
- 내부회계관리자의 자격요건 및 임면절차(영)
- 내부회계관리규정 위반의 예방 및 사후조치에 관한 사항(영)
- 회사 대표자의 운영실태보고의 기준 및 절차(영)
- 감사(감사위원회)의 평가·보고의 기준 및 절차(영)
- 감사(감사위원회)의 평가 결과를 회사의 대표자 등의 인사·보수 및 차기 사업연도 내부회계관리제도 운영계획 등에 반영하기 위한 절차 및 방법(영)

나동제 수석 : "우리회사는 내부회계관리규정은 있습니다. 상장을 준비하면서 마련했다고 알고 있습니다. 회사 규정집에도 있고, 내부게시판에도 게시되어 있어요."

공영칠 회계사 : "그럴 겁니다. 내부회계관리규정은 시작점이니까, 규정 내에 법과 시행령에서 정하고 있는 필수적인 항목들이 포함되어 있는 지만 확인하면 될 것 같군요. 결국 내부회계관리제도를 구축해서 운영하고 있다는 걸 요약하면 다음과 같은 것들을 갖추고 운영해야 한다는 겁니다."

- 내부회계관리규정 제정
- 내부통제 조직 구성(담당자, 보고체계 등)
- 프로세스 별 리스크 식별 및 통제활동 문서화(매출, 비용, 인사 등 핵심 업무 프로세스에 대한 통제 설계, IT일반통제 및 응용통제 정비)
- 운영 증빙 확보(실제로 통제가 작동하고 있다는 증거)
- 평가 및 보고 체계 마련(운영실태보고서 작성 및 보고 등)

형식만이 아닌 실질적이고 효과적인
내부회계관리제도가 필요하다

공영칠 회계사 : "하지만, 더 중요한 건 문서로만 있는 게 아니라 실제로 작동하고 있어야 한다는 겁니다. 형식과 구색만으로는 부족합니다."

공 회계사가 화이트보드에 '효과적인 내부회계관리제도 = 구성요소 + 원칙 + 통합 운영'이라고 적는다.

공영칠 회계사 : "나 수석님, 우리가 말하는 '실질적이고 효과적인 내부회계관리제도'가 뭔지 감이 오세요?"

나동제 수석 : "솔직히요? 요즘은 '효과적이다'는 말만 들어도 체할 것 같습니다. 뭐가 효과적인지 모르겠어요. 문서야 잔뜩 있는데… 그게 진짜 효과적인 건지."

공 회계사가 웃으며 고개를 끄덕인다.

공영칠 회계사 : "맞습니다. 다들 문서만 있으면 '설계됐다', 서명만 하면 '운영됐다'고 착각하죠. 근데 '존재'와 '기능'은 다른 이야기죠."

나동제 수석 : "존재는… 있으니까 존재하는 거고, 기능은… 잘 되고 있

어야 한다는 거죠?"

공영칠 회계사 : "맞습니다. 더 정확히 말하면, '존재한다'라는 건 제도가 설계되고 구축되었는지, '기능한다'라는 건 그 제도가 실제로 돌아가고 있는지 판단하는 거예요.

요약하면, 설계 및 운영 개념체계에서 말하는 내부통제, 즉 내부회계관리제도의 구성요소 5개와 원칙 17개가 다 있고, 함께 어울려 제대로 기능해야 효과적이라고 할 수 있습니다."

나동제 수석 : "5개 구성요소와 17개 원칙이요?"

공 회계사가 보드에 구성요소를 적는다.

- 통제환경
- 위험평가
- 통제활동
- 정보 및 커뮤니케이션
- 모니터링 활동

공영칠 회계사 : "이들 5개는 따로 노는 게 아니라 연계되어 통합적으로 운영되어야 해요. 예를 들어, 통제환경이 아무리 좋아도 위험평가가 안 되면 방향이 틀어지게 됩니다."

나동제 수석 : "그리고, 이들 5개 구성요소가 제대로 기능하는지 판단하는 기준이 17개 원칙인가요?"

공영칠 회계사 : "그렇죠. 그래서 '원칙'이 중요한 겁니다. 예를 들어 통제환경이 존재하고 기능하는지를 판단하려면, 1. 도덕성과 윤리적 가치에 대한 강조, 2. 내부회계관리제도에 대한 감독 책임, 3. 조직구조, 권한 및 책임 정립, 4. 적격성의 유지, 5. 내부회계관리제도 책임 부여 같

은 여러 원칙이 충족돼야 하죠. 이 중 하나라도 안 되면, 구성요소 자체가 작동하지 않는다고 봐야 합니다."

나동제 수석 : "그럼, 실무에서는 그 원칙들을 어떻게 확인하죠? 뭔가 체크리스트가 있나요?"

공 회계사가 고개를 끄덕이며 중점 고려사항 문서를 내민다.

공영칠 회계사 : "네, 중점 고려사항이 그 역할을 합니다. 하지만 중요한 건, 이걸 '형식적으로' 체크하지 않는 겁니다. 예를 들어, '윤리강령이 있다'는 문서가 중요한 게 아니에요. 진짜 중요한 건, '임직원들이 그걸 실제로 인식하고, 위반 시 조치가 있었느냐'죠."

나동제는 한숨이 절로 나온다.

나동제 수석 : "아… 결국 문서 몇 장으로는 해결이 안 되는 거군요."
공영칠 회계사 : "맞습니다. 진짜 '효과적'이라는 건, 외부 재무보고의 신뢰성을 해치는 위험을 줄일 수 있느냐로 판단해야 합니다. 그게 핵심이에요."
나동제 수석 : "다시 한번 원칙 기준으로 리뷰해야겠네요. '존재'만 하고 '기능' 하지 않는 부분이 분명 있을 겁니다."
공영칠 회계사 : "대부분일 겁니다. 어쨌든, 그게 바로 진짜 내부회계관리제도를 운영하는 첫걸음입니다."

왜 갑자기 이게 ㈜아이넥사에게 중요해졌나?
검토와 감사의 차이

공영칠 회계사 : "여기에다가 아이넥사는 상장사이면서 전년도 말 기준으로 자산총액이 1천억 원을 넘었기 때문에, 올해부터는 외부감사인으로부터 '감사의견'을 받아야 하는 회사가 되었습니다."

이 말을 듣고, 나동제가 물었다.

나동제 수석 : "작년까지는 '검토'를 받았다고 들었는데요. '검토'와 '감사'는 어떻게 다른 건가요? 회사가 해야 할 일이 엄청나게 많아지는 건가요?"

공영칠 회계사 : "글쎄요. 이론적으로 본다면, 회사 입장에선 '엄청나게' 일이 많아지는 것은 아니죠. 내부회계관리제도를 구축하고 운영하며, 이를 평가해서 보고하는 일이 외부감사인의 '검토'를 받느냐, '감사'를 받느냐에 따라 달라지는 것은 아니죠. 하지만, 실무적으로 체감되는 난이도와 업무량은 상당히 달라지는 건 맞습니다."

나동제 수석 : "무슨 말씀이신지 이해가 잘…."

공영칠 회계사 : "비유를 들자면, 회사는 기말결산을 통해서 재무제표를 만들잖습니까? 그런데, 일정 규모 이하의 회사는 외부감사법의 적

용을 받지 않아서, 외부감사인의 회계감사를 받지 않죠. 그러다가, 자산 120억 원, 부채 70억 원, 또는 매출액 100억 원을 초과하는 등의 요건에 해당하게 되면 외부감사를 받게 되는 것은 아시죠?"

나동제 수석 : "네, 그렇죠."

공영칠 회계사 : "외부감사인에게 회계감사를 받기 전과 받게 된 이후를 생각해보세요. 어찌 보면, 회사가 기말결산을 통해서 재무제표를 만드는 절차야 바뀐 것은 없잖아요. 하지만, 외부감사인의 감사를 받기 위해서는 기초적인 거래 증빙에서 재무제표 작성 시 적용한 여러 가정이나 추정에 대한 근거와 백데이터까지 챙겨야 할 사항들이 상당히 늘어나죠. 회계감사를 받기 전까지 제멋대로 엉터리 결산을 하지 않았더라도 말입니다."

나동제 수석 : "아, 그런 면에서… 대략 이해되네요."

공영칠 회계사 : "회사는 매출, 구매, 생산, 재고 등의 업무 프로세스가 있고, 결산절차에 따라 주석을 포함한 재무제표를 작성합니다. 신뢰성 있는 재무제표를 작성하고 공시하기 위해서 프로세스 내에 내부통제를 구축해서 운영합니다. 이게 내부회계관리제도죠. 그리고 이미 말씀드렸듯이, 대표이사는 내부회계관리제도에 대해 운영실태를 점검한 후에 '내부회계관리제도 운영실태보고서'를 만들어 이사회, 감사와 주주총회에 보고하고, 감사는 감사대로 검토해서 '내부회계관리제도 운영실태평가보고서'를 만들어 이사회에 보고하구요."

나동제 수석 : "네, 그렇죠."

공영칠 회계사 : "거기까지는 회사가 하는 일로써, 외부감사인의 '검토'를 받든 '감사'를 받든 동일합니다. 내부회계관리제도에 대한 외부감사인의 '검토'는 회사가 내부회계관리제도를 자체점검하고, 그 결과를 보고한 운영실태보고서를 대상으로 하게 되는데, 감사인은 회사의 내부

통제에 대해서 담당자와의 질문 위주의 검증절차를 수행합니다. 운영실태보고서에 적시된 점검 결과, 미비점 및 시정계획, 직전년도 시정조치 이행결과 등에 대해 질문하는 정도죠."

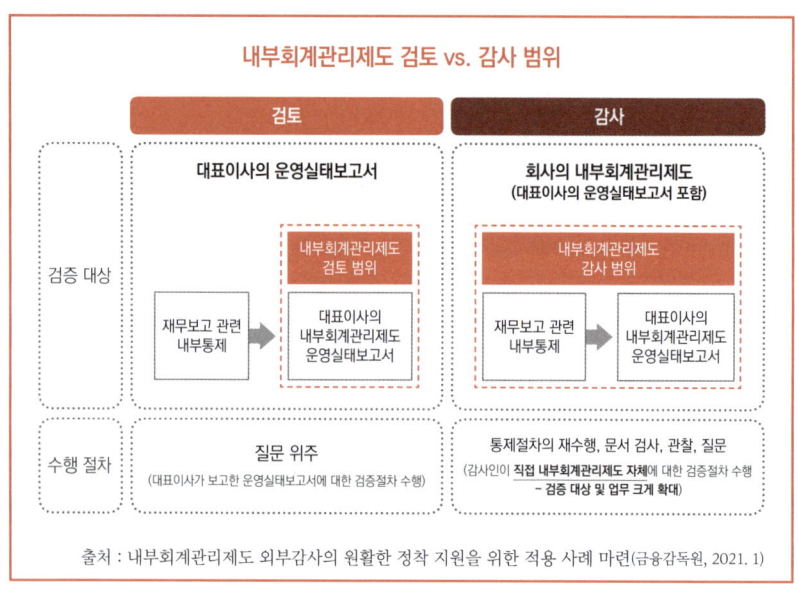

출처 : 내부회계관리제도 외부감사의 원활한 정착 지원을 위한 적용 사례 마련(금융감독원, 2021. 1)

공영칠 회계사 : "하지만, '감사'에서는 대표이사의 운영실태보고서 외에도 매출, 구매, 생산 등 주된 활동과 관련된 회사의 주요 내부통제 자체, 즉 설계와 운영 현황을 검증함에 따라 검증대상이 크게 확대됩니다. '감사'는 내부통제와 관련해서 회사가 작성한 문서를 검사하고, 중요한 통제활동에 대해 재수행하거나 회사의 통제활동을 현장에서 질문하거나 관찰을 하는 등 내부회계관리제도가 효과적으로 설계 및 운영되는지를 감사인이 직접 검증하는 절차를 수행하게 되는 거죠."

나동제 수석 : "외부감사인이 직접 검증을 한다!"

공영칠 회계사 : "네, 내부회계관리제도에 대해 외부감사인이 직접 내부

통제를 점검해서 적정성에 대해 결론을 내고 감사의견을 표명하게 되는 겁니다. 따라서, 외부감사인의 '감사'에 대응해 여러 증빙을 제시하고, 예외사항에 대해선 소명하는 등의 업무가 추가되는 것이죠. 내부적으로 당연하게 또는 다소 융통성 있게 처리되던 사항들이라도 객관적인 외부인의 시선에서는 용납되지 않을 수 있으니, 사실 만만한 부담은 아닙니다."

나동제 수석 : "네, 그렇겠네요."

대답을 하면서도 막막한 기분이 드는 것 또한 어쩔 수가 없다.

나동제 수석 : "지금까지는 그냥 서류 몇 개 정리하고 검토받으면 끝났는데… 이제는 매뉴얼도 만들고, 각 부서 통제운영 현황도 확인하고 평가하고… 정말 일이 많아졌네요."

공 회계사는 고개를 끄덕였다.

공영칠 회계사 : "맞습니다. 하지만 반대로 말하면, **이제 진짜 회사가 신뢰받는 체계를 갖추게 되는 시점**이라는 거죠. 내부회계관리제도는 재무팀만의 일이 아닙니다. 전사적으로 대응할 수 밖에 없어요."

회의실을 나서며 나동제는 문득, 전임자 이순진 선임이 떠올랐다.

'이 선임은 이런 그림을 알고 있었구나. 재무팀 일이라면 다들 나 몰라라 하니까 그 부담을 이기지 못하고 퇴사한 거였어. 하지만 어쩌겠어? 나까지 도망칠 수야 없지. 그래 갈 데까지 가보자.'

보충 • 내부회계관리제도 감사 및 검토 대상

구분	자산 규모	감사·검토 대상
상장회사	1천억 원 이상 ~ 2조 원 미만	외부감사 대상
상장회사	1천억 원 미만	검토의견 대상
비상장대기업	5천억 원 이상	검토의견 대상
비상장중소기업	–	내부회계관리규정만 갖추면 무방 (검토·감사 대상 아님)

※ 중소기업은 「중소기업기본법」 및 외감법 시행령에서 정한 기준에 따름

보충 • 내부회계관리제도의 구성요소(5개), 원칙(17개), 중점 고려사항(75개)

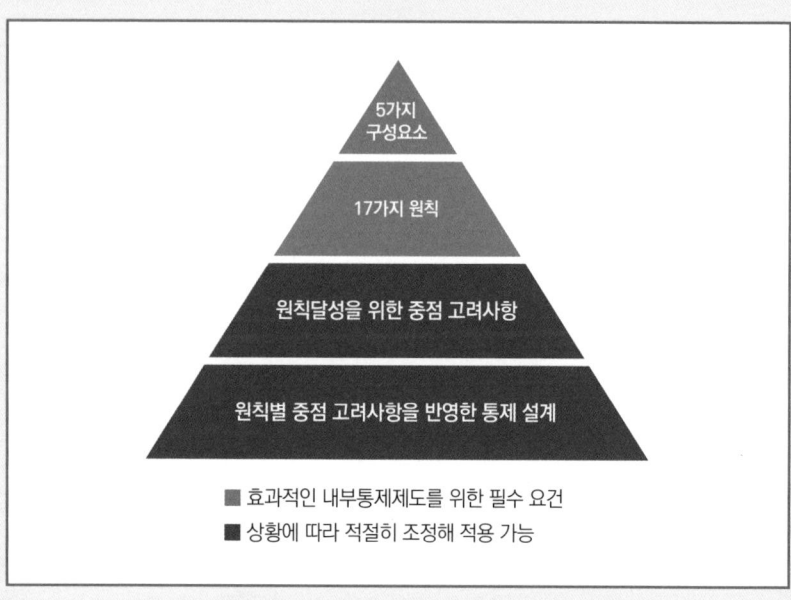

구성요소&원칙	요약 및 통제 예시	중점 고려사항
통제환경(Control Environment)		
1. 청렴성과 윤리	윤리강령 제정, 임직원 행동강령, 부정행위 대응체계	1.1. 경영진과 이사회의 의지, 1.2. 윤리강령 수립, 1.3. 윤리강령 준수 평가, 1.4. 윤리강령 위반사항의 적시 처리
2. 이사회 감독	감사위원회 구성과 활동, 외부감사인 선임·감독	2.1. 이사회의 감독 책임 정립, 2.2. 이사회의 전문성 확보, 2.3. 이사회의 독립적 운영, 2.4. 내부회계관리제도 감독 수행
3. 경영진 책임	CEO의 내부통제 책임 선언, 운영실태보고	3.1. 조직구조 고려, 3.2 보고체계 수립, 3.3 권한과 책임의 정의, 부여 및 제한
4. 유능한 인재	인사평가·승진체계, 경력개발계획, 인사 내역 기록	4.1. 정책 및 실무절차 수립, 4.2. 적격성 평가 및 보완, 4.3. 인력 선발, 육성 및 유지, 4.4. 승계계획 및 준비
5. 책임과 권한	조직도, 직무기술서, R&R 정의 문서화	5.1. 조직구조, 권한 및 책임을 통한 내부회계관리제도 책임 부여, 5.2. 성과평가 및 보상정책 수립, 5.3. 성과평가 및 보상정책과의 연계, 5.4. 과도한 압박 고려, 5.5. 개인의 성과평가, 보상 또는 징계조치
위험평가(Risk Assessment)		
6. 목표 및 위험 식별	사업목표와 연계된 위험평가 문서	6.1. 적합한 회계 기준의 준수, 6.2. 회사 활동의 실질 반영, 6.3. 중요성 고려
7. 중요위험 식별	재무보고왜곡 가능성 평가 (RMM 문서화)	7.1. 회사 내 다양한 조직 수준 고려, 7.2. 외부 재무보고에 영향을 미치는 내부 및 외부 요인 분석, 7.3. 적절한 수준의 경영진 참여, 7.4. 식별된 위험의 중요성 평가, 7.5. 위험 대응방안 결정

구성요소&원칙	요약 및 통제 예시	중점 고려사항
8. 부정위험 고려	부정리스크 평가, 내부고발제도	8.1. 다양한 부정의 유형 고려, 8.2. 유인과 압력의 평가, 8.3. 기회 평가, 8.4. 태도와 합리화에 대한 평가
9. 변화 대응	조직·규제 변화 대응 매뉴얼, 신사업 Launch 체크리스트	9.1. 외부 환경 변화의 평가, 9.2. 사업모델 변화의 평가, 9.3. 리더십 변화의 평가
통제활동(Control Activities)		
10. 통제 설계	핵심 통제설계(RCM), 거래수준 통제설계	10.1. 위험평가와의 통합, 10.2. 회사의 고유한 요인 고려, 10.3. 관련 있는 업무 프로세스 결정, 10.4. 통제 유형의 조합, 10.5. 다양한 수준의 통제활동 적용 고려, 10.6. 업무 분장 고려
11. IT 통제 포함	접근권한관리, ITGC, 로그관리, 시스템 변경통제	11.1. 업무 프로세스에서 사용되는 정보기술과 정보기술 일반통제 간 의존도 결정, 11.2. 정보기술 인프라 통제활동 수립, 11.3. 보안관리 프로세스에 대한 통제활동 수립, 11.4. 정보기술의 취득, 개발 및 유지보수 프로세스에 대한 통제 수립
12. 정책·절차 문서화	업무지침서, 승인 프로세스, 전표승인 및 검토체계	12.1. 경영진의 지침 전달을 지원하기 위한 정책 및 절차 수립, 12.2. 정책과 절차의 적용을 위한 책임 확립과 담당자의 지정, 12.3. 통제활동의 적시 수행, 12.4. 개선조치 이행, 12.5. 적격성 있는 담당자의 수행, 12.6. 정책, 절차 및 통제활동의 주기적인 재평가
정보 및 커뮤니케이션(Information & Communication)		
13. 정보 식별·활용	KPI 보고체계, 정보집계 및 분석시스템	13.1. 정보 요구사항의 식별, 13.2. 내부 및 외부의 데이터 원천 포착, 13.3. 관련 있는 데이터를 의미 있는 정보로 변환, 13.4. 정보 처리 과정에서 품질의 유지관리, 13.5. 비용과 효익 고려

구성요소&원칙	요약 및 통제 예시	중점 고려사항
14. 내부 커뮤니케이션	통제 관련 정기공지, 교육자료 공유, 이메일 알림	14.1. 내부회계관리제도 정보에 대한 의사소통, 14.2. 경영진과 이사회 간의 의사소통, 14.3. 별도의 의사소통 라인 제공, 14.4. 적절한 의사소통 방법 선택
15. 외부 커뮤니케이션	IR, 공시 프로세스, 감사인/규제기관과의 대응기록	15.1. 외부 관계자와의 의사소통, 15.2. 외부로부터의 의사소통, 15.3. 이사회와의 의사소통, 15.4. 별도의 의사소통 라인 제공, 15.5. 적절한 의사소통 방법 선택
모니터링 활동(Monitoring Activities)		
16. 모니터링 수행	통제검토리스트, Walk-through, 운영평가	16.1. 상시적인 모니터링과 독립적인 평가의 결합 고려, 16.2. 변화의 정도 고려, 16.3. 출발점(Baseline)의 설정, 16.4. 충분한 지식을 갖춘 인력 활용, 16.5. 업무 프로세스와의 통합, 16.6. 범위와 빈도 조정
17. 시정조치	통제 실패보고, 조치 추적시스템, 경영진 시정조치 보고	17.1. 결과 평가, 17.2. 미비점 의사소통, 17.3. 개선활동에 대한 모니터링 활동

※ 중소기업의 경우, 경영여건을 감안해서 본 설계·운영 개념체계를 세부적으로 적용하는 과정에서 대기업보다는 유연하고 완화된 방식으로 내부회계관리제도를 설계 및 운영할 수 있으며, 이 경우에도 내부통제의 5가지 구성요소 및 17가지 원칙이 훼손되지 않도록 유의해야 한다.

2장

현황진단 :
지금 우리 회사, 어디쯤 있나?

"예전에 외주 줬던 그 매뉴얼….
그대로 써도 될까요?"

아이넥사 회의실 – 내부회계관리제도 현황 진단 미팅

나동제 수석 : "회계사님, ICFR 구성요소는 이제 좀 감이 옵니다. 그런데 자꾸 '문서화', '문서화' 하시는데요…. 구두로 설명해서 되는 일도, 꼭 문서로 남겨야 하나요?"

공영칠 회계사가 미소 지으며 대답했다.

공영칠 회계사 : "좋은 질문입니다. 나 수석님, 회계감사를 받을 때, 재무제표에 적힌 숫자들이 전부 머릿속에서 나왔다고 하면 외부감사인이 믿을까요?"

나동제 수석 : "당연히 안 믿죠. 증빙이 있어야죠. 매출은 계약서나 세금계산서, 지급은 이체확인증 같은 것들이 다 있어야 하니까요."

공영칠 회계사 : "맞습니다. 내부회계관리제도도 똑같습니다. 외감법 제8조 6항에 따라 외부감사인은 이 제도가 '설계되어 있고 운영되고 있는지'를 감사하게 되어 있거든요. 그런데 회사가 아무 근거 없이 "우린 잘하고 있어요"라고 말하면, 외부감사인이 뭐라고 할까요?"

나동제 수석 : "'근거 없이는 인정 못 한다'라고 하겠네요."
공영칠 회계사 : "뭐 그런 겁니다. 그래서 이 제도는 '문서화된 증거'가 있어야 해요. 말하자면 이건 일종의 내부통제의 증빙서류 세트인 셈입니다."

나동제가 인수인계받은 노트북의 폴더와 파일들을 살펴본다. 폴더 이름은 '내부회계관리제도'. 안에는 '통제활동_v1.2', '업무 프로세스정의서_초안' 같은 파일들이 빼곡히 들어 있었다. 하지만 문제는, 마지막 수정일이 3년 전이라는 것이었다.

"이거… 그냥 이대로 쓰면 안 될까요?"

나동제가 공 회계사에게 조심스럽게 물었다. 공 회계사는 그 파일들을 한참 들여다보다가 고개를 저었다.

나동제 수석 : "문서는 멀쩡해 보이는데요…?"
공영칠 회계사 : "그렇죠. 멀쩡해 보이죠. 근데 업무 프로세스는 차치하더라도, 이들 통제 중에 지금 실제로 운영되는 게 몇 개나 될까요? 한번 확인해보시죠."

그러고 보니, 부서명조차 예전 이름으로 붙어 있는 문서들이 보인다. 조직변경이 반영되지 않은 것이다. 업무도 바뀌었을 테니, 통제활동은 말할 것도 없을 터였다.

공영칠 회계사 : "이제는 '있는 문서'가 아니라, '실제로 하고 있는 일'이

기준이 돼야 합니다."

나동제가 메모를 정리하며 중얼거린다.

나동제 수석 : "그런데… ELC, 자금, 회계·재무보고 프로세스… 도대체 뭐부터 봐야 하나…."

공영칠 회계사 : "일단 이번 현황 진단은 아이넥사의 내부회계관리제도 관련 전반적인 상태와 문제점들을 미리 짚어보는 목적입니다. 설계는 명확한지, 실질적인 운용은 되고 있는지, 그리고 무엇보다 감사인이 봤을 때 '이 정도면 괜찮다'라는 상태가 될 수 있는지를 중심으로 보게 될 겁니다."

나동제 수석 : "몇 년 전 컨설팅을 받으며 작성했던 산출물은 있지만, 거의 업데이트되지 않았구요. 재무팀 중심으로는 문서화나 매뉴얼은 일부 있지만, 전사 수준 통제 등은 말 그대로 유명무실하네요."

> **보충 • 내부회계관리제도 '현황진단' 체크포인트**

많은 회사들이 내부회계관리제도를 구축한 듯 보이지만, 실상은 수년 전 외부 자문사에 외주를 맡겨 '문서만 존재'하는 경우가 많다. 그러나 이제 아이넥사는 감사까지 받아야 하는 이상, 과거 문서에 기대어서는 버틸 수 없다.

당장 중요한 것은, '현재 우리의 내부회계관리제도는 어떤 상태인가?' 이다.

진단의 첫걸음 : 자료 정리와 인터뷰

- 기존 규정과 매뉴얼, 업무 프로세스 정의서, 통제기술서 등을 모두 수집한다.
- 해당 문서가 작성된 시점, 작성 주체, 최근 업데이트 여부를 확인한다.
- 지난 연도 회계감사나 내부회계관리제도 검토를 받으면서 외부감사인으로부터 지적되었던 사항들도 집계한다.
- 각 부서 실무자와 인터뷰를 진행해, 실제로 해당 통제가 운영되고 있는지, 현업의 인식은 어떤지 파악한다(예 : "이 결재는 언제, 누가, 어떤 식으로 하시죠?").
- 과거 문서는 설계 기준일뿐, 실질 운영 여부는 별개다. 형식은 갖췄지만 전혀 운영되지 않는 통제가 있다면, 그것은 없는 것과 마찬가지다.
- 반대로 문서에는 없지만 실무적으로 유의미하게 작동하는 통제가 있다면, 그것은 문서화할 필요가 있다.

핵심 체크포인트

- 회사의 규정, 지침과 매뉴얼 등은 최신의 법과 규정을 반영하고 있는가?
- 업무 프로세스는 현재 프로세스를 반영하고 있는가?
- 리스크 및 통제는 현재 조직 구조에 맞게 설계되어 있는가?
- 각 통제의 책임자는 여전히 그 부서인가? 담당자는 바뀌지 않았는가?
- IT 시스템 변경(ERP 등) 이후 통제가 수정되었는가?

문서화,
도대체 어디까지, 얼마나?

공영칠 회계사가 자신의 노트북 화면을 회의실에 있는 스크린에 공유한다. '내부회계관리제도 문서화 필수 항목' 슬라이드가 나타난다.

공영칠 회계사 : "문서화에는 크게 2가지 목적이 있어요.
　1. 회사 스스로 평가와 보고를 할 수 있어야 한다는 점
　2. 외부감사인에게 감사 대상이 되는 증거를 제공해야 한다는 점
예를 들어, 법에서 말하는 '운영실태보고서'나 '감사의 평가보고서'를 보려면, 그 기반이 되는 통제기술서, 업무흐름도, 운영테스트 자료 같은 게 있어야겠죠?"

나동제 수석 : "결국 '우리가 어떻게 통제를 설계했고, 실제로 작동했는지'를 전부 문서로 남겨야 한다는 것이군요."

공영칠 회계사 : "맞습니다. 정리한 항목들을 보여드릴게요. 이것은 '내부회계관리제도 모범규준 등 적용 FAQ'에 나와 있는 내용입니다."

1. 외감법 규정의 준수 여부에 대한 근거 자료

구분	관련 근거	비고
내부회계관리규정	법 제8조제1항	외감법 제8조 제1항 각호의 사항 및 시행령 제9조 제2항의 각호에서 규정한 사항을 포함
내부회계관리규정 제·개정 관련 감사의 승인문서 및 이사회의사록(감사위원회 설치 법인의 경우 감사위원회 의사록)	영 제9조제3항	당기 중 내부회계관리규정의 제·개정이 있는 경우
내부회계관리제도 운영실태보고서	법 제8조 제4항, 영 제9조 제4항, 외부감사 및 회계 등에 관한 규정("외감규정") 시행세칙 제6조 제3항 제1호	외감규정 시행세칙 제6조 제3항 제1호를 고려한 기준 및 절차 규정 대표자 대면보고 수행(내부회계관리자 위임 시는 제출한 사유 문서) 영 제9조 제4항 각호의 내용을 포함한 운영실태 보고서 작성 및 보고
보고 관련 이사회 및 감사(위원회) 의사록	상동	평가·보고 기준 문단 25에서 언급된 내용 포함 (평가·보고 가이드라인 별첨의 운영실태보고서 예시 참조)
감사의 평가보고서	법 제8조 제5항, 영 제9조 제5항, 영 제9조 제7항, 외감규정 시행세칙 제6조 제3항 제2호	외감규정 시행세칙 제6조 제3항 제2호를 고려한 기준 및 절차 규정 영 제9조 제5항 각호의 내용을 포함한 평가보고서 작성 및 보고 정기총회 개최 1주 전까지 이사회 대면 보고 수행
보고 관련 이사회의사록	상동	평가·보고 기준 문단 28에서 언급된 내용 포함(평가·보고 가이드라인 별첨의 운영실태평가보고서 예시 참조)
금융위원회 규정에 따른 공시 자료	영 제9조 9항	영 제9조 제9항 및 외감규정 시행세칙 제7조 「자본시장과 금융 투자업에 관한 법률」 제159조 제1항에 따른 사업보고서 제출 대상법인의 경우

2. 경영자 자체 평가 근거 자료

(1) 내부회계관리제도 범위 선정 및 평가 계획

자료명	관련 근거	비고
양적 요소의 선정 내역	평가·보고 가이드라인 문단 10	· 중요성 및 수행중요성 금액 산정 근거 및 결과 · 평가 시점에 변동된 경우 그 변경을 고려
질적 요소의 고려 내역	평가·보고 가이드라인 문단 11	· 계정 특성 및 프로세스 특성을 고려한 질적요소의 고려 방법 및 결과
유의한 계정과목 및 주석정보, 유의한 업무 프로세스, 평가 대상 사업단위의 선정 내역	평가·보고 기준 문단 14 평가·보고 가이드라인 문단 9, 14~15, 38	· 양적 기준 및 질적 기준을 고려한 유의한 계정과목 및 주석정보의 선정 결과 · 유의한 계정과목 등과 업무 프로세스와의 연계도표 · 재무적으로 유의한 사업단위 선정 근거 및 결과
내부회계관리제도 평가 계획	평가·보고 기준 문단 6, 12. 가 평가·보고 가이드라인 문단 31. 가	· 위험평가에 기반한 내부회계관리제도의 효과성 평가 계획 보고 문서 · 중간평가 및 기말평가의 수행 범위, 대상, 시기, 평가자 등 · 당기 주요 변화사항에 대한 대응방안 및 미비점 시정조치 현황

(2) 내부회계관리제도 설계 관련 문서

자료명	관련 근거	비고
통제기술서	평가·보고 가이드라인 문단 28, 29. 가	· 업무 프로세스 내의 하위프로세스별 통제목표 또는 위험과 이를 관리하기 위한 통제활동 및 경영자 주장, 통제 유형 및 수행빈도 등을 일목요연하게 제시 · 통제활동에 대한 설명과 유형, 수행빈도 등의 항목을 포함해 작성
업무흐름도	평가·보고 가이드라인 문단 29. 나	· 조직 내에서의 업무흐름 및 제반 문서 등을 도식적·동태적으로 표현하기 위한 것으로 주로 하위프로세스 단위로 작성 · 일반적으로는 통제기술서를 보완하는 목적으로 활용 – 없는 경우 변화관리의 어려움이 존재

자료명	관련 근거	비고
업무기술서	평가·보고 가이드라인 문단 29. 다	· 각 업무 프로세스에서 수행되는 업무의 내용을 설명 형식으로 기술한 문서로서 업무의 출발점, 수행되는 업무처리 절차 및 통제의 내용, 관련 서류 등을 명확하게 기술 · 업무흐름도와 같이 통제기술서를 보완하거나, 업무흐름도를 보완하는 목적으로 활용
업무분장표	평가·보고 가이드라인 문단 29. 라	· 업무 프로세스 내에서 거래의 승인기능, 자산의 보관기능 및 회계 기능 등 상충되는 업무가 적절히 분장되었는지의 여부를 확인하는 보조적인 수단

(3) 내부회계관리제도의 효과성 평가 관련 자료

자료명	관련 근거	비고
설계의 효과성 평가 근거 자료	평가·보고 기준 문단 6, 평가·보고 가이드라인 문단 40. 다, 42	· 매년 추적조사(Walk-Through Test)가 반드시 필요하지는 않으나, 일반적으로 변화관리체계를 통해 중요한 변경이 존재하는 경우는 추적조사를 수행하고, 그렇지 않은 경우 다른 방법을 적용해 통제 설계의 적정성을 확인하고 관련 절차를 문서화 · 업무흐름도 등의 기반 문서가 충분하지 않거나 구체적이지 않은 부분의 경우에는 추적조사를 수행하는 것을 고려 · 핵심 통제 활동에 대한 설계의 효과성 평가 근거 및 결론 · 설계의 효과성에 대한 평가 절차 및 그 결과를 문서화 · 설계상의 미비점이 발견된 경우 그 내역 및 개선 계획
운영의 효과성 평가 근거 자료	평가·보고 기준 문단 6, 평가·보고 가이드라인 문단 47	· 내부회계관리제도 운영의 효과성에 대한 평가 절차 및 그 결과 · 테스트된 항목을 구체적으로 확인할 수 있는 테스트 절차(모집단의 정의 및 개수, 통제의 속성, 관련 증빙의 내용 등), 테스트 수행자, 테스트 결과 및 전반적인 결론

(4) 경영자 점검 및 감사(위원회) 평가결과의 보고

자료명	관련 근거	비고
미비점 리스트	평가·보고 기준 문단 6 평가·보고 가이드라인 문단 48, 59. 마	· 미비점 리스트 및 미비점 판단 근거(존재하는 경우) · 전사수준과 거래수준의 설계 및 운영상의 미비점 리스트(존재하는 경우) · 미비점별 중요성 평가 근거 및 결론 – 개별적 분류 및 타 미비점과의 결합 효과 고려
운영실태보고서	평가·보고 기준 문단 6 평가·보고 가이드라인 문단 59. 마, 60, 62	· 대표자의 내부회계관리제도 평가 및 검토 내역 · 대표자의 내부회계관리제도 운영실태보고서
평가보고서	평가·보고 기준 문단 6 평가·보고 가이드라인 문단 64~65	· 감사(위원회)의 내부회계관리제도 운영실태 평가 및 검토 내역 · 감사(위원회)의 내부회계관리제도 평가보고서

나동제가 웃으며 말한다.

나동제 수석 : "이거… 거의 회계감사보다 더 복잡하네요."

공영칠 회계사 : "맞습니다. 내부회계관리제도는 단순히 회계의 보조도구가 아니에요. 경영진이 신뢰할 수 있는 재무정보를 생성하고 공시하는 책임의 기반입니다."

나동제 수석 : "우선 이 리스트를 기반으로 내부회계관리규정에서부터 시작해서, 어떤 문서들이 얼마나 준비되어 있고, 또 이것이 실질적으로 회사의 현실을 반영해 문서화되어 있는지부터 점검해봐야겠네요."

공영칠 회계사 : "그렇죠. 그게 진단의 첫 단계입니다. 아이넥사는 중소기업이니까 문서화가 다소 완화될 여지는 있지만, 어쨌든 제가 보여드린 항목들이 기본적으로는 모두 필요한 겁니다."

형식과 실질의
간극

회의실로 나동제 수석이 회사의 ICFR 관련 기존 문서를 파일링한 두꺼운 폴더들을 들고 들어온다. 공영칠 회계사도 노트북으로 이전 산출물을 확인 중이다.

나동제가 폴더를 회의실 책상에 내려놓으며 말한다.

나동제 수석 : "이게 지금까지 회사에서 관리해온 내부회계관리 관련 문서들입니다. 운영실태보고서, 이사회의사록, 통제기술서라고 되어 있는 문서들까지 전부 모아봤습니다."
공영칠 회계사 : "음… 운영실태보고서는 최근 것도 포함되어 있네요. 3월 말자로 대표이사 명의로 주주총회에 보고되고, 사업보고서에도 포함되어 있습니다."

나동제가 조심스레 말한다.

나동제 수석 : "네, 그런데… 내용을 보시면 알겠지만, 그냥 과거 양식을 그대로 복사, 붙여넣기한 수준입니다. '통제 설계 및 운영에 특별한 변

동사항 없음'이라고만 되어 있고요."
공영칠 회계사 : "최근 업데이트된 통제 설계나 평가자료는요?"
나동제 수석 : (한숨을 내쉬며) "예상한 대로 없습니다. 통제기술서도 3년 전 작성한 게 끝이고, 이후 변화는 전혀 반영되어 있지 않았습니다. 조직변화도 그렇고, 송금 프로세스도 바뀌었는데도 반영이 안 되어 있고요."
공영칠 회계사 : (보던 폴더를 접으며) "흠…그렇군요. 그러면 내부통제가 실제와 맞지 않게 설계되어 있고, 운영 여부도 증빙 없이 형식적으로만 기록된 상태네요. 이러면 운영실태보고서 자체도 의미 없는 서류가 되는 겁니다."

그러면서 한 화면을 띄워서 보여준다.

공영칠 회계사 : "이게 작년에 금융감독원이 발표한 내부회계관리제도 운영실태보고서 검토 시 유의사항입니다. 여기 보시면 '대표이사의 단순 확인 수준의 형식적 보고는 운영실태보고서로 인정되지 않음'이라고 명시돼 있어요."
나동제 수석 : "사실 이 역할을 맡기 전까지는, 이런 문서들은 '통과용 서류' 정도로만 여겨졌거든요. 저뿐만 아니라 다른 사람들도 마찬가지였을 겁니다."
공영칠 회계사 : "나 수석님, 이건 꼭 아이넥사만의 문제가 아닙니다. 상장된 지 몇 년 안 된 중소기업 대부분이 비슷한 상황이에요. 하지만 자산총액 1,000억 원을 넘겨서 감사를 받게 된 이상, 지금처럼은 안 됩니다. 실질적인 설계·운영·평가 체계를 갖춰야 하고, 그걸 증명할 수 있는 문서화가 필수입니다."
나동제 수석 : "그럼… 어디서부터 다시 시작해야 할까요?"

공영칠 회계사 : "우선, 현재 문서들의 최종 작성일과 실제 프로세스 일치 여부를 기준으로 정리해보시죠. 제가 체크리스트를 하나 드릴게요. 각 항목마다 다음 중 하나로 구분해보는 겁니다 .

   1. 존재하지 않음
   2. 존재하나 업데이트 없음
   3. 형식적으로만 존재
   4. 실질적으로 운영되고 있음

이걸 기반으로 다시 갭을 진단하고, 순차적으로 업무흐름도/업무기술서 보완 → 통제기술서 정비 → 효과성 평가 자료 구축 순서로 가야 합니다."

공영칠 회계사가 다른 파일을 열며 보여준다.

공영칠 회계사 : "예를 들어 이게 다른 유사기업의 문서화 샘플입니다. 설계·운영평가 프로세스, 테스트 내역, 미비점 분석, 개선계획까지 포함되어 있죠. 아이넥사도 이런 수준까지 끌어올려야 합니다."

나동제가 피곤하지만 짐짓 결연한 표정으로 답한다.

나동제 수석 : "네, 알겠습니다. 그럼 다음 주까지 각 문서의 현행성과 실효성 여부를 정리해보겠습니다. 이걸로 현실적인 진단표부터 만들어야겠네요. 그리고 몇몇 부서와는 인터뷰도 해야 할 것 같아요. 어느 정도까지 실행이 되고 있는지 문서만으로 파악이 곤란한 사항도 있어서요."

공영칠 회계사 : (고개를 끄덕이며) "좋습니다. 그게 진짜 첫걸음이에요. 그 다음엔 우리가 '무엇을 채워야 하는지'가 명확해질 겁니다."

공영칠 회계사 : "그리고, 진단업무 시작 전에 CEO, CFO, 감사께 이런 범위를 명확히 전달드리는 게 좋겠습니다. 내부회계는 전사 협조 없이는 성공하지 못합니다. 그리고 제가 진단하면서도, 단순히 틀린 점만 지적하지는 않을 거예요. 실현 가능한 개선방안도 함께 제안해드릴 겁니다."

현황진단 :
전사수준 통제 - 형식과 실질의 간극

아이넥사 전략기획실 회의실 – 전사수준 통제(ELC) 진단 인터뷰

전사수준 통제와 전반적 운영상황 파악을 위해 인사팀의 최인만 수석과 IR&공시 파트의 공시현 선임이 참석했다.

공영칠 회계사 : "전사 수준 통제와 관련한 몇 가지 현황을 점검하기 위해 인사와 공시 담당자분들을 모셨습니다. 말씀 나누게 될 부분은 내부회계관리제도 책임자 지정, 전사 정책 수립 여부, 교육 및 훈련체계, 윤리강령 운영 등 핵심 전사수준통제 항목입니다."

최인만 수석(인사팀) : "내부회계관리제도 책임자는 공식적으로 지명된 적은 없고… 조직도 상에 CFO 밑으로 내부회계관리 파트를 신설했습니다. 아시다시피, 나동제 수석이 파트장이구요."

공영칠 회계사 : "그렇다면 '지정되어 있으나 공식화되지 않음' 상태로 보입니다. 외부감사인 입장에서는 책임자 지정 공문, 직무기술서, 위임전결규정 반영 여부를 중점적으로 확인할 것입니다."

나동제 수석 : "CFO가 자연스럽게 책임자 역할을 하고 있지만, 규정과 문서화가 부족한 셈이군요."

공영칠 회계사 : "맞습니다. 그리고 윤리규범, 부패방지정책, 내부신고제도도 함께 살펴야 합니다. 윤리강령은 있나요?"

최인만 수석 : "입사 시 교육자료로 나가기는 하는데, 별도로 연례 서약을 받거나 전사 교육은 없었습니다."

최인만 수석이 인사팀에서 가져온 윤리강령 폴더를 꺼내들었다. 최근 입사자 10명 중 8명이 미서명 상태다. 내부고발제도도 존재하지만 사용 사례 0건, 교육도 2년간 미수행 상태였다.

공영칠 회계사 : "형식은 있지만, 실제로는 거의 운영되고 있지 않군요. 전사 교육계획 수립과 윤리강령 서약 프로세스, 그리고 내부고발제도에 대한 전면 재설계 후 구축과 운영이 필요하겠네요."

나동제 수석 : "윤리서약서 양식부터 다시 만들어야겠네요. 그리고, '부정에 침묵하지 않는 문화'로 바꿔가는 노력도 필요할 것 같군요."

공영칠 회계사 : "사실 내부고발 제도는 리스크 통제이자, 구성원 보호입니다. 없다고 부정행위가 생기는 게 아니라, 생겨도 아무도 말 못 하는 조직이 되거든요."

그런 뒤, 공영칠 회계사가 IR&공시 파트에서 제출한 이사회의사록과 주총의사록을 넘기며 공시현 선임에게 질문한다.

공영칠 회계사 : "공 선임님, 여러 의사록을 살펴봤는데요. 대표이사님께서 내부회계관리제도 운영실태를 '주주총회'에서 보고하시기는 했는데, 그 전에 이사회나 감사에 보고했다는 기록이 없어요. 대표이사께서 운영실태보고를 이사회와 감사께 제출하셨나요?"

윤시현 선임 : "이사회 보고는 따로 하지 않았습니다. 대표이사께서 주총 자리에서 간단히 언급은 하셨어요. '다 잘 되고 있다'라고."

공영칠 회계사 : "법상 '보고'는 정식 보고자료를 회의체에 제출하고 기록을 남겨야 합니다. 의사록에도 없고, 별도 서면 보고자료도 없다면, 보고의무 위반이라고 할 수 있습니다."

윤시현 선임 : "관련 규정부터 다시 파악하고 개선해야겠네요."

현황진단 :
회계처리, 결산과 재무보고 프로세스 진단

아이넥사 재무팀 회의실

공영칠 회계사, 나동제 수석, 이지훈 선임(회계 담당), 이수정 재무팀장이 회의실에 모여서 결산과 재무보고 관련 프로세스에 대해 이야기를 나눈다.

공영칠 회계사 : "재무팀이 잘 알고 계시듯이, 내부회계관리제도라는 게 결국 회사 재무제표가 회계 기준에 따라 작성·공시되었는지에 대한 합리적 확신을 제공하기 위해 설계·운영되는 내부통제제도의 일부입니다. 관련해서, 기말결산과 재무보고 프로세스에 대해 말씀 나누고 싶습니다."

공영칠 회계사 : "결산 프로세스는 어떤 방식으로 진행되나요? 마감 일정, 검토자, 재무제표 초안 작성까지의 흐름을 간단히 설명해주실 수 있을까요?"

이수정 팀장 : "1~10일은 재무팀에서 결산자료 취합, 10~15일 사이에 CFO 리뷰를 받고, IR팀에 재무제표와 공시안을 넘깁니다."

공영칠 회계사 : "문서화된 일정표, 체크리스트, 승인 프로세스 내역이

있나요?"

이지훈 선임 : "없습니다. 대부분 저희끼리 캘린더 공유하고 구두로 일정 조정해요."

공영칠 회계사 : "그러면 '설계는 있으나 운영이 불명확'한 상태로 볼 수 있겠네요. 즉, 반복적 경험에 의존하는 암묵적 통제입니다. 감사인 입장에선 이건 내부통제가 존재한다고 보기 어려울 겁니다."

공영칠 회계사가 결산전표 내역을 살펴보며 질문한다.

공영칠 회계사 : "그리고, 이 결산전표들 중에 12월 31일에 일괄 반영된 '충당부채 조정'이 있네요. 계산서류나 회계처리 메모는 어디 있을까요?"

이지훈 선임 : "그건 회의 때 구두로 결정한 거라서요. 계산은 저희가 엑셀로 했고, 따로 문서화는 안 했습니다."

공영칠 회계사 : "그럼 회계처리 기준 변경이나 판단 이슈에 대해 내부적으로 논의한 기록도 없습니까?"

이수정 팀장 : "있긴 했는데, 따로 메모로 남기지는 않았고, 결산 마감 후에는 필요 없을 줄 알았어요."

공영칠 회계사 : "결산 마감은 언제였나요?"

이지훈 선임 : "1월 10일까지로 잡았었는데… 실제로는 1월 12일까지 미승인 전표가 계속 들어왔습니다. ERP상에는 아직도 결산기간이 열려 있고요."

공영칠 회계사 : "이건 '결산기간 마감 통제' 미비입니다. 외부감사인이 봤을 때는 결산 이후에도 전표가 임의로 입력될 수 있는 구조라는 판단이 나올 수 있어요."

나동제 수석 : "지난 번 기말감사 시, 감사 전 제출된 재무제표에 중요한 오류 3건이 발견되어 재작성했다는 이야기를 들었는데요."

이지훈 선임 : "네, 감사 전 재무제표 제출 기한까지 몇 가지 주요한 결산조정사항이 반영이 안 되는 바람에 기말감사 과정에서 반영되었습니다."

공영칠 회계사 : "중요성에 따라 판단은 달라질 수 있겠지만, 외부감사인 입장에선 ICFR이 제대로 작동하지 않았음을 보여주는 증거로 받아들여질 가능성이 높습니다."

그리고 나서 주석사항들을 살펴보며 질문한다.

공영칠 회계사 : "재무제표 주석 중 '우발채무', '특수관계자' 내역은 누가 작성하셨습니까?"

이지훈 선임 : "주석은 제가 기존 양식 복사해서 숫자만 바꿨습니다. 자금 파트와 IR&공시 파트의 확인은 못 받았습니다."

공영칠 회계사 : "공시의 완전성과 정확성을 위한 통제를 보완할 필요가 있어 보이네요. 우발채무나 특수관계자 거래의 주석 공시는 감사인뿐만 아니라 감독당국도 주요하게 검토하는 부분 중 하나거든요."

현황진단 :
결과 요약 - 미비점과 개선 과제들

공영칠 회계사와 나동제 수석은 기존 문서들에 대한 검토와 인터뷰 내용에 기초해서 현황진단의 결과를 요약하고, 향후 과제들을 정리했다. 결론적으로는, 파면 팔수록 미비점이 나오는 것 같아, 적정한 선에서 마무리하고 경영진 보고를 한 후, 내부회계관리제도의 전반적 재구축을 추진하기로 한다.

점검 결과 요약

구분	작성 여부	최종 작성일	실효성 평가	미비사항 요약	개선 과제
내부회계 관리규정	○	20XX.03	△ (구 기준)	개정된 외감법 반영 미흡	개정 필요 (2023 외감규정 반영)
운영실태 보고서	○	20XX.03	X (형식적 보고)	내부 검토/평가 없이 기재, 통제활동 언급 없음.	실질적 설계·운영 내용 포함 재작성
감사(위원회) 평가보고서	X	없음	X	이사회 보고 내역 없음.	20XX년분 작성 및 보고 필요
통제기술서 (RCM)	△	20XX.12	X	부서 및 시스템 변경 반영 없음, 프로세스 반영 미비	전면 재작성 (재무계정별 프로세스 기준)

업무흐름도 (*)	X	없음	X	도식화 문서 없음.	프로세스별 흐름도 도식화 필요
업무기술서 (*)	△	20XX.01	△	일부 부서 한정, 통제 연결 미흡	통제기술서와 연계해 작성
업무분장표	○	20XX.01	△	승인-보관-회계 분리 확인 미흡	기능별 독립성 검토 및 갱신 필요
설계·운영 테스트자료	X	없음	X	테스트 미수행	표본설계 후 항목별 테스트 실시 필요
미비점 리스트	X	없음	X	발견된 사항 정리 無	평가 기반으로 항목별 정리 필요

(*) 중소기업의 경우, 통제기술서 위주로 작성 가능

핵심 문제

- 형식적 운영실태보고서
  : 운영 실적이나 통제 개선사항 없이 기존 양식을 반복 사용. 외부감사 대응이 곤란한 수준
- 통제기술서 및 프로세스 문서 현행화 미비
  : 조직, 시스템 변경 및 프로세스 변화가 반영되지 않아, 현재 운영과 불일치
- 경영자 설계 및 운영평가 문서화 부재
  : 위험평가 기반 주요계정 선정, 중요성 기준 등 핵심 평가 절차가 미비
- 이사회와 감사(위원회)에 대한 보고 미흡
  : 내부회계관리제도 관련 정기 보고가 존재하지 않으며, 사업보고서 공시 목적만으로 작성된 보고서로 대체됨.

What's
next?

공영칠 회계사의 평가에 따르면, 아이넥사는 외형상 내부회계관리제도를 일정 수준 구축하고 있으나, ① 규정 정비와 문서화, ② 전사 수준의 통제의 실효적 운영, ③ 통제 설계 및 운영의 효과성 평가와 관련한 실무 이행 수준이 미흡해서 향후 ICFR 외부감사 대응을 위해 내부회계관리제도체계 전반에 대한 고도화가 필요하다는 판단이다.

아이넥사 대표이사실 – 내부회계관리제도 개선 및 감사 대응보고

아이넥사 CEO 박세진 대표이사와 CFO 김윤정 상무에게 내부회계관리제도 현황진단 결과와 향후 과제를 공영칠 회계사와 나동제 수석이 함께 보고한다.

박세진 대표이사 : "그래서, 이제 감사 준비는 다 된 건가요? 올해부턴 그냥 검토가 아니라 감사를 받아야 한다고 하셨잖아요?"
김윤정 상무 : "맞습니다. 자산이 1천억 원을 넘어서면서 금년부터 내부회계관리제도도 '감사' 대상입니다. 오늘은 그 준비가 어느 정도까지 이뤄졌는지, 외부 전문가 의견까지 포함해 말씀드릴 겁니다."

공영칠 회계사 : "네, 공영칠 회계사입니다. 지난 2주 동안 아이넥사의 내부회계관리제도 실태를 진단한 결과를 보고드리겠습니다. 결론부터 말씀드리면, 전반적으로 내부회계관리제도 재구축이 필요하고, 다음 달부터라도 당장 업무를 시작해야 할 것으로 보입니다. 그래야 올해 감사에 제대로 대응할 수 있을 것 같습니다."

박세진 대표이사 : (고개를 끄덕이며) "좋습니다. 감사에도 당당하게 임할 수 있게 준비를 해보시죠." (공 회계사 쪽을 보며) "감사인이 봤을 때, '감사 범위 제한'이나 '의견거절' 받을 여지가 있다는 것이죠?"

공영칠 회계사 : "현재 상태라면 미흡합니다."

박세진 대표이사 : "전사적인 협조가 필요한 업무라는 점 이해하고 있습니다. 딱딱하지 않게, 현실적인 수준에서 잘 끌어주시기 바랍니다. 이사회에는 제가 직접 보고하겠습니다."

나동제 수석이 대표실을 나서며 공 회계사에게 작게 이야기한다.

나동제 수석 : "회계사님, 고생하셨어요. 짧지만 좋은 성과가 있었네요."

공영칠 회계사 : "이제부터는 설계 업데이트와 운영, 그리고 평가가 이어질 겁니다. 현황진단은 끝났지만, 진짜 실력은 감사를 통과한 이후에 결정되는 거죠. 우리 함께 끝까지 가봅시다."

3장

재무보고위험의
식별부터

"아니,
틀이 왜 2개인가요?"

아이넥사 회의실

나동제 수석이 화이트보드 앞에 두 프레임워크를 나란히 적어놓고는 고개를 갸우뚱한다.

나동제 수석 : "공 회계사님, 좀 헷갈리는데요. 설계 및 운영 개념체계에서는 통제환경, 위험평가, 뭐 이런 구성요소 5개에 원칙이 17개 있더니… 막상 평가 및 보고 기준을 보니, 전사적 수준 통제, 거래수준 통제, IT 통제 이런 식으로 나누어서 설계하고 문서화하라고 하잖아요? 틀이 왜 2개인가요? 둘 중 뭐가 맞는 거예요?"

공영칠 회계사가 미소를 지으며 화이트보드로 다가간다.

공영칠 회계사 : "좋은 질문입니다. 나 수석님 같은 실무자가 여기서 개념을 못 잡으면 설계도 평가도 다 헝클어질 수 있어요. 잘 들어보시죠. 이 둘은 역할이 다를 뿐, 연결돼 있어요."

그러면서 '설계 프레임 → ICFR의 뼈대' 라고 화이트보드에 쓴다.

공영칠 회계사 : "먼저 이 5개의 구성요소 + 17개의 원칙은 우리가 시스템을 설계할 때의 원칙적인 뼈대예요. COSO 프레임워크를 기반으로 해서, 아이넥사가 내부통제를 어떤 철학과 기준으로 짜야 하는지를 말해주는 거죠."

공영칠 회계사 : "그리고 원칙마다 '이게 존재하고 기능하느냐?'를 판단해야 하니까, '존재-기능' 개념이 나오고, 각 원칙에는 '중점 고려사항'이 붙어 있어요. 그게 아이넥사의 통제들을 설계할 때 하나하나 체크리스트처럼 쓰이는 거죠."

그리고 나서, '평가 프레임 → 실제 점검 방식'이라고 쓴다.

공영칠 회계사 : "반면에 전사적 수준 통제, 거래수준 통제, 정보기술 일반통제는 실제 운영이 잘 되고 있는지를 점검할 때 사용하는 분류 체계예요. 그러니까 이건 테스트 대상과 범위를 나누기 위한 틀이죠."

나동제 수석 : "그럼 평가 기준은 실무자들이 쓰기 좋게 정리한 '운영 체크 프레임' 같은 거네요?"

공영칠 회계사 : "맞아요. 예를 들어, 아이넥사의 매출통제를 테스트할 땐, '이건 구성요소로 보면 '통제활동'이고 원칙 10~12와 관련돼 있다. 하지만, 평가할 땐 거래수준 통제 중 '매출 프로세스'로 테스트하자', 이렇게 되는 거죠."

공영칠 회계사가 화이트보드에 추가로 적어 넣고, 선을 그어 연결시킨다.

> **구조적 매핑**
>
> - 구성요소 '통제환경' → 전사적 수준 통제
> - 구성요소 '위험평가' → 전사적/거래수준 통제 범위 선정 근거
> - 구성요소 '통제활동' → 거래수준 통제, 일부는 IT 일반통제
> - 구성요소 '정보 및 의사소통' → 전사적 수준 통제
> - 구성요소 '모니터링 활동' → 전사적 수준 통제

공영칠 회계사 : "Risk Control Matrix, 줄여서 RCM이라고 부르는 통제기술서를 작성할 때 보면 이 구조가 드러나요. 통제기술서 하나를 작성해도 '이 통제는 어느 계정의 어떤 주장에 대응하고, 어떤 구성요소의 원칙을 달성하기 위해 설계됐는가'를 먼저 따지죠. 그걸 평가할 땐 '전사 수준인지', '거래 수준인지', 'IT 통제가 필요한지' 등으로 나누고요."

나동제 수석이 엄지와 중지를 튕기며, 깨달았다는 듯 말한다.

나동제 수석 : "아…. 이제야 감이 좀 오네요. 설계는 '왜 이걸 해야 하는가'를 중심으로, 평가는 '무엇을 점검할 것인가'로, 그 관점이 다르지만 결국 같은 시스템을 바라보는 거군요."

공영칠 회계사가 웃으며 대답한다.

공영칠 회계사 : "맞습니다."

보충 · 설계 및 운영 개념체계 vs. 평가 및 보고 기준의 연계구조

'설계 및 운영 개념체계/적용기법'의 5가지 구성요소, 17개 원칙 체계와, '평가 및 보고 기준/가이드라인'에서 사용하는 전사적 수준 통제, 거래수준 통제, 정보기술 일반통제 체계는 ICFR을 바라보는 시각과 목적에 따라 다른 틀을 쓰는 것이며, 상호 연관되어 있다.

'원칙 기반 설계 프레임워크'로서의 개념체계 :
구성요소 5가지 + 원칙 17개

이 프레임워크는 내부회계관리제도를 설계하고 구축하기 위한 이론적/구조적 기준이다. COSO의 프레임워크를 원용하며, '이것들이 작동하고 연계되어야 한다'는 기준을 제시한다.

구성요소	대표 원칙 예시
통제환경	윤리강령, 이사회 독립성, 책임 배분
위험평가	목적 수립, 리스크 식별, 부정위험 고려
통제활동	통제 설계·구축, 정보기술 통제
정보 및 의사소통	유효한 정보 사용, 내부·외부 의사소통
모니터링 활동	상시 모니터링, 독립적 평가 및 개선

'위험 기반 접근'에 기초한 평가 및 보고 기준상 통제구분

내부회계관리제도가 잘 운영되고 있는지를 평가하고 보고하기 위한 실무적 분류로서, 이를 기반으로 평가자가 실제 테스트를 수행하게 된다.

구분	의미	예시
전사적 수준 통제(ELC)	조직 전반의 통제환경 또는 주요 관리활동	윤리강령, 감사위원회 감독, 권한남용 방지, 기말 재무제표 작성
업무 프로세스 수준 통제(거래 수준 통제)	개별 계정/주석/거래에 대한 통제	매출, 매입, 인건비, 자산취득 등 업무 흐름에 내재된 통제
정보기술 일반통제(ITGC)	IT 시스템의 신뢰성을 확보하는 전제로서의 통제	접근권한관리, 백업, 프로그램 변경통제, 장애관리 등

2가지 틀 간의 연계구조

종합적으로 보면, 5가지 구성요소 및 원칙은 내부통제(내부회계관리제도) 설계를 위한 프레임이며, 전사적/거래수준/IT통제는 실제 평가·보고 시 통제의 범주와 유형이 된다. 따라서 원칙에 따라 설계된 통제가, 전사적·거래수준·IT 통제로 현장에서 평가되고 보고되는 것이다. 대략적 예시로 연관관계를 정리해보면, 다음과 같다.

평가 및 보고 기준	설계 및 운영 개념체계	예시
전사적 수준 통제	통제환경, 정보 및 의사소통, 모니터링 활동 등 포함	CEO 의지, 감사(위원회) 운영, 경영진 모니터링 등
업무 프로세스 통제	통제활동, 위험평가와 밀접	경영자 주장에 기반한 계정별 리스크 대응 통제 설계
정보기술 일반통제	통제활동의 일부 (IT 일반통제)	자동 통제와 IT 의존 통제의 전제가 되는 인프라 통제

"스코핑?
그게 뭐죠?"

나동제 수석 : "회계사님, 현황진단은 얼추 끝났잖아요? 문서들은 거의 다 옛날 버전이고, 통제도 이름만 있는 상태죠. 이제 뭐부터 해야 할까요? 약간 막막하네요."

공영칠 회계사 : "이제부터가 시작이에요. 스코핑(scoping)을 먼저 해야 합니다."

나동제 수석 : "스코핑이요? 그건 또 뭐죠?"

공영칠 회계사 : "스코핑은 공식용어는 아닌데요. 실무적으로 '범위를 정하는 작업'을 말합니다. 내부회계관리제도를 '어디까지' 문서화하고 평가할지를 결정하기 위한 첫 단계랄까요."

공영칠 회계사가 노트북 화면을 공유하며 이야기한다.

공영칠 회계사 : "앞으로 수행할 업무의 단계는 이렇습니다. 단계별로 신규 산출물 작성과 기존 산출물 업데이트를 진행하고, 경영진 및 감사뿐 아니라 외부감사인과도 논의를 할 겁니다. 우선 진행해야 할 것은 재무보고 위험의 식별입니다."

(1) 재무보고 위험의 식별
  ① 전사적 수준에서의 내부회계관리제도 고려
  ② 유의한 계정과목 및 주석정보의 파악
  ③ 경영자 주장의 식별
  ④ 유의한 업무 프로세스 파악
(2) 재무보고 위험에 적절히 대처하기 위한 통제의 식별
(3) 내부회계관리제도 설계의 효과성 평가
(4) 내부회계관리제도 운영의 효과성 평가
(5) 내부회계관리제도 평가 결과 보고

재무보고 위험부터 식별하라?
그런데, 재무보고 위험이란?

나동제 수석 : "재무보고 위험이요? 회계 오류 위험? 그러니까… 실수나 부정으로 인해 숫자가 틀릴 수 있는 위험?"

공영칠 회계사 : "그렇죠. 좀 더 정확하게 말하자면, 재무보고위험(Financial Reporting Risk), 또는 감사 용어로 중요한 왜곡표시위험(RMM : Risk of Material Misstatement)이라고 하죠. 사실 이건 단순한 오류 가능성 그 이상입니다."

공영칠 회계사 : "그리고, 내부회계관리제도 평가 및 보고 기준에도 나와 있듯이, 위험기반 접근 방법 또는 하향식 접근 방법을 적용하는 것이 평가뿐 아니라 설계와 구축에 있어서도 보다 효과적이고 효율적입니다. 일단, 무엇이 잘못될 수 있는지를 파악하는 거죠. 재무제표에 왜곡이 발생할 수 있는 지점들, 특히 그게 중요하게 왜곡될 가능성이 '낮지 않은' 것들이 대상입니다. 먼저 회계처리 기준이 우리 아이넥사의 사업 모델에 어떻게 적용되고 있는지를 살펴보시죠. 이커머스 플랫폼 구축이 주요 사업이긴 해도 매출 인식뿐 아니라 유형·무형자산, 외주용역, R&D, 스톡옵션 등…. 복잡하게 얽힌 게 많아요."

나동제 수석 : "하긴, 무형자산이 자산의 30%고, 외주용역비도 영업비용의 25% 가까이 되죠."

공영칠 회계사: "그렇습니다. 그만큼 왜곡 가능성도 크죠. 예를 들어, 무형자산은 비용과 자산 구분이 안 되면 대차대조표가 뻥튀기 되고, 외주용역비도 완전성 있는 인식이 중요하죠. 그리고, 아이넥사는 진행률 매출이 상당부분 있어서, 진행률에 의한 수익 인식이 제대로 되지 않으면, 재무제표가 왜곡표시될 가능성이 높습니다."

설명을 하며, 공영칠 회계사가 화이트보드에 정리한다.

> 재무보고위험(RMM) = 고유위험(IR) × 통제위험(CR)
> - 고유위험(IR, Inherent Risk) : 통제가 없다고 가정했을 때 계정 또는 거래 자체에 내재된 왜곡 위험
> - 통제위험(CR, Control Risk) : 존재하는 통제로도 위험이 적시에 방지·발견되지 않을 가능성

나동제 수석: "재무보고위험은 고유위험 곱하기 통제위험? 고유위험은 통제가 없어도 존재하는 위험…. 실제로 뭐가 고유위험인지 감이 잘 안 잡히네요."

공영칠 회계사: "고유위험은 쉽게 말해서, '그 계정 자체가 본질적으로 위험한 녀석'이라는 의미랄까요. 제가 아이넥사의 현황을 고려해서 구성한 몇 가지 예를 들어보겠습니다."

공영칠 회계사가 노트북 화면을 공유한다.

아이넥사 재무제표상 고유위험

계정	예상 고유위험
매출	다양한 고객사와 거래 중이며, 계약조건도 다양함. 따라서, 고객 인도 전 매출 계상, 허위 매출의 위험이 있음. 즉, 진행률에 따른 수익인식 오류나 기간귀속(Cut-off) 오류위험 존재
매출채권	매출채권 비중이 높아, 회수지연이나 대손 우려가 있음. 대손충당금 등 평가 오류의 위험 존재
현금 및 현금성자산	지급관련 승인 프로세스가 미흡한 경우가 있음. 부정 리스크 내재
무형자산	개발비 관련 자산성 검토와 손상 검토 관련 추정 시 오류 위험 높음.
특수관계자 공시	특수관계자와의 거래 관련 공시 누락 위험

공영칠 회계사 : "이렇게 계정의 성격과 거래 특성을 들여다보면, '이 계정은 그냥 위험하다'라는 게 보이죠. 이게 고유위험이라고 이해하시면 됩니다."

나동제 수석 : "음, 그럼 이건 통제를 만들기 전에도 이미 고려해야 하는 거네요?"

공영칠 회계사 : "맞습니다. 이후 단계에서는 재무제표의 유의한 계정과 주석을 선별하고, 경영자 주장을 식별한 다음, 각각에 고유위험을 연결하게 됩니다."

나동제 수석 : "그런데, 통제위험은?"

공영칠 회계사 : "매출을 예로 들어보죠. 말씀드렸듯이, 매출은 고객과의 계약 종류도 다양하고, 고객 인도 전 인식, 허위 계상 같은 고유위험이 높은 계정이죠. 자체로 오류 발생 위험이 크다는 말이고, 그 자체가 '위험한 녀석'이잖아요."

나동제 수석 : "근데 그걸 막기 위해 '고객의 인도 확인 후 이중 승인' 같은 통제를 설계한 것이구요."

공영칠 회계사 : "그렇습니다. 하지만, 존재하는 통제로도 위험이 사전에 방지되거나 적시에 발견되지 않을 가능성은 있죠. 그것이 통제위험입니다. 그런데, 다른 한편으로 이러한 통제가 있다고 해도, 만약 ERP 시스템에서 재무팀 승인을 생략하고, 영업팀의 입력만으로 자동으로 매출이 잡히면 어떻게 될까요?"

나동제 수석 : "그럼… 통제는 있지만 실제로 작동하지 않은 거네요."

공영칠 회계사 : "그래서 나온 개념이 통제실패위험(Control Failure Risk)입니다. 통제설계는 돼 있지만, 운영이 안 되는 현실적 실패 가능성을 말합니다. 그래서 통제기술서를 문서화할 때, 고유위험은 반드시 포함되는데, 이에 더해서 최근 가이드라인에서는 통제실패위험도 문서화하라고 권고하고 있어요. 왜냐하면 현실에는 통제실패 사례가 상당히 많거든요."

나동제 수석이 한숨을 쉬며 말한다.

나동제 수석 : "고려할 것이 참 많네요."

양적·질적 요소를 고려한
유의한 계정과목과 주석정보의 파악

공영칠 회계사가 이어간다.

공영칠 회계사 : "결국, 내부회계관리제도의 목적은 '신뢰할 수 있는 재무제표'잖아요. 전 계정을 다 커버하는 게 아니고, 무엇이 잘못될 수 있는지를 고려해 개별적 또는 다른 계정이나 주석과 결합해서 중요한 왜곡표시 발생 가능성이 낮지 않은 '유의한 계정과목'을 식별하고 이들에 대해 관리하는 것이죠."

공영칠 회계사 : "우선적으로 양적 요소를 고려해서 중요성 금액을 설정해보죠. 보통 세전이익, 매출액, 또는 자산총액을 벤치마크 삼은 후, 일정률을 적용해서 중요성 금액을 설정합니다. 그런데, 아이넥사의 경우 전년도에 세전손실이었으니, 매출액이나 자산총액을 벤치마크로 삼아 1~3% 정도로 중요성 금액을 설정해야겠어요. 매출액이 665억 원, 자산총액은 1,003억 원이었으니, 매출액의 1%를 중요성 금액으로 설정하기로 합시다."

나동제 수석 : "그럼, 매출액 기준으로 6억 6천만 원이 되겠네요."

공영칠 회계사 : "그리고, 평가 과정에서 회사에 존재하는 미비점을 발

견하지 못할 가능성에 대비해 중요성 기준의 50~75%를 적용한 수행중요성을 설정해서 유의한 계정과목 등을 선별하게 됩니다. 아이넥사는 75%를 적용하는 것으로 하죠."

나동제 수석 : "아하, 그럼 수행 중요성은 4억 9천만 원이 되겠네요."

공영칠 회계사 : "이걸 기준으로 해서, 5억 원이 넘는 계정과목은 기본적으로 다 체크해보는 겁니다. 벤치마크의 경우 전년도 금액을 사용한 것이니, 만약 올해 실제 재무성과가 크게 바뀐다면 재조정할 수도 있습니다."

아이넥사의 중요성 금액(양적 기준)

구분	금액(단위 : 천 원)	비고
재무제표 전체에 대한 중요성 (Materiality)	660,000	매출액의 1%
수행 중요성 (PM, Performance Materiality)	490,000	전체 중요성의 75% 적용
사소한 금액 기준 (Trivial threshold)	30,000	전체 중요성의 5% 적용

나동제 수석 : "내년에 흑자전환하면 세전이익 기준으로 다시 계산해야봐야겠네요. 그럼, 양적으로 중요성 기준을 넘는 것만 보면 될까요?"

공영칠 회계사 : "아니요. 여기에, 질적인 요소도 고려해야 합니다. 무형자산, 대손충당금, 스톡옵션, 법인세비용 등 금액은 작아도 상당한 추정이 필요하거나 판단이 어려운 계정들은 중요한 왜곡표시 가능성이 낮지 않은 유의한 계정으로 봐야겠죠."

나동제 수석 : "맞습니다. 주식 보상비용만 해도 3억 원도 안 되지만, 이게 스톡옵션과 관련돼서 주석 공시나 판단이 복잡하거든요."

공영칠 회계사 : "그런 건 질적으로 유의한 항목입니다. 당연히 스코핑

대상에 들어가야겠죠. 사실 질적 요소의 고려가 매우 중요합니다. 예를 들어 무형자산은 내부개발인지, 취득인지, 감액사유는 있는지 등 전부 판단이 필요하잖아요."

나동제 수석 : "무형자산은 올해 AI 모델 연구비도 많이 들어갔는데, 그게 다 자산으로 잡혔어요."

공영칠 회계사 : "그럼 추정과 판단이 많이 들어가니까, 금액이 수행중요성 금액보다 작다고 해도 스코핑 대상이 되는 거죠."

나동제 수석 : "또 외주비는 일단 금액도 크고, 내부통제는 발주서, 견적, 계약 다 따로 있어서 흐름이 복잡해요."

공영칠 회계사 : "이건 '프로세스 복잡성'도 높으니, 당연히 유의한 항목이죠. 또한 특수관계자 거래나 우발채무 같은 주석도 포함해야 합니다."

양적·질적 기준을 반영한 아이넥사의 유의한 계정과목 및 주석 항목 식별

구분	금액(천 원)	유의성 근거
현금 및 현금성자산	1,956,311	단독자금 실행, OTP 통제 등 자산유출 리스크 존재 등 부정위험 통제 필요
매출채권 (계약자산, 계약부채 포함)	18,143,963	주요 자산 항목이며, 대손충당금 설정 필요. 수익인식 시점과 청구 시점 간 차이 검토 필요
금융자산	22,713,815	공정가치 평가 및 분류 기준, 유동성 판단 관련 통제 필요
무형자산	30,417,367	총자산의 약 30% 차지. 개발비 자산성 검토 및 손상테스트 필요
리스자산/리스부채	1,173,931 /1,220,468	IFRS 16 적용, 장·단기 분리 및 할인율 등 회계처리 검토
충당부채	340,793	소송, 보증 등 판단 요소 존재(질적 유의성)
영업수익	66,583,679	일부 수익은 진행률 기준 인식 등 양적, 질적 유의성
외주용역비	26,697,577	영업비용의 25% 이상. 내부통제상 발주-계약-검수 절차의 적정성 중요
급여, 복리후생비	36,000,000	인건비 관련 내부통제 및 정확한 발생 인식 여부 중요
주식 기준 보상비용	277,900	금액은 작으나 질적 중요성 고려(공정가치 평가, 공시 등)
법인세비용/ 이연법인세자산	3,623,093 /6,454,137	세무조정, 이연법인세자산 인식 등 복잡한 판단 요구
특수관계자 거래	주석사항	존재 여부 자체가 질적 유의사항. 공정거래 여부, 공시 중요
우발채무, 부외부채	주석사항	차입금 등 관련 약정, 소송 현황 등

부정위험!
우리가 그럴 리 없다는 생각이 제일 위험하다

공영칠 회계사가 언뜻 강조하듯 추가한다.

공영칠 회계사 : "그리고 한 가지 더. 부정위험!"
나동제 수석 : "저희는 그런 건 없어요."
공영칠 회계사 : (미소 지으며) "그런 말은 외부감사에서 통하지 않아요. 자금, 매출인식, 특수관계자 거래 등 어디든 취약점은 있어요."
나동제 수석 : "공 회계사님, 사실 말인데요. 저희 회사는 도덕적으로 꽤 건강한 편입니다. 솔직히 '부정위험'까지 고려해야 할 정도는 아니라고 생각했어요."
공영칠 회계사 : "딱 그 생각이 위험한 겁니다. '우리는 괜찮다'는 생각이 가장 큰 리스크가 될 수 있어요. 부정위험은 신뢰와 관계없이 구조의 문제거든요."
나동제 수석 : "구조요?"
공영칠 회계사 : "네. 예를 들어, 아이넥사는 지금 자금 이체에 대한 이중 승인 절차가 있지만, 실제론 CFO 혼자서도 다 처리할 수 있죠?"
나동제 수석 : "사실, OTP 단말기 하나로 CFO께서 대부분 처리하세요. 수석급 실무자가 이체 리스트를 만들긴 하는데요."

공영칠 회계사 : "바로 그런 겁니다. 절차는 있어도, 통제가 작동하지 않으면 부정위험이 실현될 수 있어요. 이게 바로 ICFR에서 강조하는 '운영되는 통제'의 개념이죠."

공영칠 회계사가 화이트보드에 정리한다.

부정위험(Fraud Risk)이란?

구분	정의	예시
재무제표 부정	실적을 좋게 보이기 위해 일부러 회계를 조작	고객 인도 전 매출 인식, 비용 누락, 자산 과대계상
자산의 유용	회삿돈을 개인적 목적으로 사용	사적 이체, 허위 영수증으로 경비 처리
통제 무력화	경영진이 통제를 무시하고 개입	승인자 우회, 내부고발 무력화

나동제 수석 : "그러면 단순히 '윤리' 문제가 아니라, 통제를 뚫고 갈 수 있는 구조가 있느냐 없느냐가 핵심이군요."

공영칠 회계사 : "맞습니다. 아이넥사처럼 상장 5년차, 자산 1천억 원을 넘긴 중소상장사는 특히 위험할 수 있죠. ERP나 통제는 아직 완성형이 아닌데, 경영진은 이제 대기업처럼 '숫자'를 만들어야 하거든요."

나동제 수석 : "하긴, 얼마 전에도 R&D팀에서 개발비 자본화 금액을 작년보다 30% 이상 잡았는데, 근거자료가 좀 부실했거든요."

공영칠 회계사 : "그것도 전형적인 부정위험의 유형 중 하나입니다. 자본화 요건을 갖추지 않은 비용을 개발비로 잡는 건 재무제표 사기로 갈 수도 있습니다."

실제 부정위험 사례

영역	부정 사례	위험 포인트
자금	단독 OTP 사용	이중승인 생략, 자금 유출 가능성
매출	고객 확인 전 수익 인식	월말 허위매출 리스크
개발비	자산화 기준 미흡	과대계상 및 손상 미반영
인감 및 계좌	변경 시 내부 승인 누락 가능	사문서 위조 및 자금 이체 위험
내부고발제도	제도는 있으나 고발 실적 없음.	사내 부정 인식 및 보고 어려움.

나동제 수석 : "그러면 부정위험도 통제기술서에 포함시켜야 하나요?"

공영칠 회계사 : "직접적인 '위험식별' 항목으로는 안 써도, 통제목표나 통제설계의 전제로서 고려해야겠죠. 예를 들어 자금통제를 설계할 때는 단순 이체 오류가 아니라 '부정 가능성'에 대응하는 이중승인, 로그 확인, 접근통제가 필요합니다."

나동제 수석 : "그렇다면 부정위험도 고유위험보다 더 예민하게 다뤄야겠네요. 일어날 가능성은 낮지만, 한번 터지면 끝장이니까요."

공영칠 회계사가 진지하게 대답한다.

공영칠 회계사 : "정확히 보셨어요. 그래서 ICFR의 전사수준 통제에서는 부정 방지를 위한 윤리강령, 내부고발, 권한체계까지 다 포괄하고 있는 겁니다. 부정위험, 자금 관련 리스크와 통제의 식별은 최근 개정된 규정과 감독당국이 강조하고 있는 부분인지라 절대 무시하면 안 됩니다."

재무제표에 대한 경영자 주장 :
"주장 없이 통제 없다"

공영칠 회계사 : "나 수석님, 유의한 계정은 어느 정도 정리됐으니, 그럼 유의한 계정마다 경영자 주장도 같이 정리해보시죠."

나동제 수석 : "회계사님, 통제 목표라는 게 결국 '경영자 주장'에서 시작된다고 들었습니다. 그런데 그게 정확히 어떤 개념인지 잘 모르겠더라구요."

공영칠 회계사 : "아, 중요한 부분을 짚으셨습니다. 맞습니다. 통제는 경영자 주장을 실현하기 위한 장치입니다. 그러니까, 경영자 주장이 없다면 통제 자체도 성립할 수 없다고 보셔야 해요."

나동제 수석 : "그럼 그 '경영자 주장'이라는 게 구체적으로 어떤 걸 말씀하시는 건가요?"

공영칠 회계사 : "재무제표에 담긴 숫자나 주석 하나하나에 대해서, 경영진은 '이건 사실이다'라고 공개적으로 혹은 묵시적으로 말하고 있는 거죠. 그 주장의 종류가 7가지입니다. 하나씩 간단히 설명드릴게요."

실재성(Existence)

공영칠 회계사 : "첫 번째는 실재성입니다. 재무제표에 있는 자산은 실제로 존재해야 함을 의미하죠."

나동제 수석 : "예를 들면, 매출채권이 허위로 잡혀 있지 않다, 이런 걸까요?"

공영칠 회계사 : "정확합니다. 매출채권은 실제로 고객이 존재하고, 그 채권이 실재해야 합니다. 허공에 있는 숫자면 안 되죠."

완전성(Completeness)

공영칠 회계사 : "두 번째는 완전성. 빠뜨린 게 없어야 합니다. 기록해야 할 부채나 비용을 누락하면 재무제표가 왜곡되겠죠."

나동제 수석 : "그래서 부채나 충당금 쪽에서 완전성이 중요하다는 말씀을 하시는 거군요."

공영칠 회계사 : "맞습니다. 특히 비용이나 부채는 '누락'이 가장 큰 위험이니까요."

권리와 의무(Rights and Obligations)

공영칠 회계사 : "세 번째는 권리와 의무입니다. 자산은 회사가 소유하거나 사용할 권리가 있어야 하고, 부채는 회사가 갚아야 할 의무가 있어야 해요."

나동제 수석 : "예를 들어 저희가 리스 장비를 사용하고 있다면, 그 자산이 우리에게 사용권이 있다는 전제하에 자산으로 잡히는 거죠?"

공영칠 회계사 : "맞습니다. 이게 바로 리스회계의 전제죠."

평가(Valuation)

공영칠 회계사 : "네 번째는 평가. 자산이나 부채, 수익과 비용이 적정하게 측정되었는가 하는 주장입니다."

나동제 수석 : "단기 투자 자산 같은 건 공정가치로 평가해야 하니까, 여

기서 틀리면 재무제표 전체가 흔들릴 수 있겠네요."

공영칠 회계사 : "그렇습니다. 충당부채, 이연법인세자산 같은 항목도 모두 '평가' 주장에 해당합니다."

재무제표 표시와 공시(Presentation and Disclosure)

공영칠 회계사 : "다섯 번째는 표시와 공시. 회계 기준에 따라 적절히 분류·기술·공시했는지를 의미합니다."

나동제 수석 : "스톡옵션이나 특수관계자와의 거래 관련 주석 같은 게 여기에 해당하겠네요."

공영칠 회계사 : "네, 정보는 있어도 그걸 숨기거나 잘못 분류하면 왜곡이죠."

발생사실(Occurrence)

공영칠 회계사 : "여섯 번째는 발생사실. 손익계산서에 잡힌 수익이나 비용이 해당 기간 중 실제로 발생했는지를 의미합니다."

나동제 수석 : "광고비나 복리후생비가 작년 발생분인데 올해 인식하면 문제가 되겠네요."

공영칠 회계사 : "그렇죠. 수익도 마찬가지입니다. 아직 실질적 계약 이행이 안 됐는데 수익을 앞당겨 인식하면 발생사실 위반입니다."

측정(Measurement)

공영칠 회계사 : "마지막으로 측정. 거래나 자산이 적정 금액으로 인식되었고, 기간에 따라 잘 배분됐는지 여부입니다."

나동제 수석 : "감가상각이나 매출의 진행률 인식도 이 주장과 연관되겠네요."

공영칠 회계사 : "맞습니다. 평가와 유사하지만 좀 더 '계산과 배분'에 초점을 둡니다."

나동제 수석 : "헷갈리긴 하네요."

공영칠 회계사 : "그러시죠? 그도 그럴 것이, '평가'와 '측정'은 경영자 주장상 구분되어 있지만 실무에서는 서로 중첩되거나 일부분이 통합된 통제 활동으로 다뤄지기도 합니다. 따라서 두 주장이 모두 식별되었다고 해도 반드시 둘 다 통제를 설계해야 하는지는 계정의 특성과 왜곡위험의 양상 그리고 통제 목적에 따라 판단해야 합니다. 이 비교표를 보실래요?"

공영칠 회계사가 자신의 노트북 화면을 공유한다.

구분	평가(Valuation)	측정(Measurement)
의미	보고일 기준의 재무제표 항목의 적정 금액 산정. 즉, 자산/부채/수익/비용 항목의 금액 자체가 회계 기준에 따라 적정한가를 주로 따짐.	수익과 비용의 기간 배분 또는 인식 시점의 적정성. 즉, 발생한 거래나 사건이 올바른 회계기간에 배분되고 기록되었는지를 주로 따짐.
적용 포인트	초기 인식, 회계추정, 공정가치, 손상 등	기간귀속, 발생주의 원칙, 정산/배분 기준 등
관련 계정	공정가치, 원가산정, 손상 등이 쟁점인 계정	발생주의 귀속, 기간 배분, 상각, 수익인식 등 시기 기준이 핵심인 계정

공영칠 회계사 : "대표적인 예를 든다면, 무형자산의 공정가치 평가, 손상 여부 판단은 '평가', 해당 자산의 상각비가 적절한 회계기간에 배분되었는가는 '측정'입니다. 그리고, 이 7가지 주장은 유의한 계정마다 각각 적용됩니다. 계정마다 다른 조합이 필요한 거죠."

나동제 수석 : "그럼 각 계정별로 어떤 주장이 적용되는지를 먼저 파악

한 다음에, 그 주장들을 충족시키지 못할 위험, 다시 말해서 재무제표의 중요한 왜곡표시 위험인 재무보고 위험을 적절한 수준으로 감소시키기 위한 통제를 설계하고 문서화해야 하는군요."

공영칠 회계사 : "바로 그겁니다. 통제란, 경영자 주장을 지키기 위한 장치입니다. 그걸 근거 없이 만들면, 감사에서 반드시 지적당하게 되죠."

나동제 수석 : "이제 통제 설계가 조금은 명확해지는 것 같습니다. 다음은 계정별 주장을 하나씩 정리해보는 게 순서겠네요."

아이넥사의
유의한 계정과목별 경영자 주장

공영칠 회계사 : "자, 나 수석님, 이제부턴 아이넥사의 유의한 계정 항목에 어떤 경영자 주장이 적용되는지를 하나씩 짚어봅시다. 이게 통제기술서 내에 통제목표 설정의 기초입니다."

나동제 수석 : "네, 경영자 주장이 7가지라는 건 이해했는데요. 각 계정에 어떤 주장이 왜 필요한지는 아직 감이 잘 안오긴 하네요."

공영칠 회계사 : "그럼 차근차근 봅시다. 제가 항목별로 근거까지 설명해 드릴게요."

공영칠 회계사가 노트북 화면을 공유하고선 '아이넥사 유의한 계정 vs 경영자 주장 매핑' 요약표를 띄운다.

공영칠 회계사 : "나동제 수석님, 우리가 식별했던 유의한 계정들에 대해 경영자 주장을 연결해봤습니다. 함께 하나씩 검토해볼까요?"

나동제 수석 : "아 벌써 작업을 하셨네요? 그런데, 핵심, 보조, 미적용으로 구분을 하셨네요?"

공영칠 회계사 : "네, 일반적으로야 적용이 되느냐, 아니냐로 구분할 수 있겠습니다만, 우리가 계정들도 유의한 것들과 그렇지 않은 것들을 구

분해서 접근했듯이, 계정별로 관련된 경영자 주장을 식별하고 그 근거를 정리하다 보니, 반드시 챙겨야 할 경영자 주장들이 보여서 '핵심'이라는 딱지를 붙였습니다."

나동제 수석 : "유의한 계정별로 핵심적 경영자 주장은 우선적으로 확실하게 통제해서 왜곡표시가 발생하지 않도록 한다. 좋은 접근인 것 같아요!"

아이넥사의 유의한 계정과목별 경영자 주장 매핑표

구분	실재성	완전성	권리와 의무	평가	표시와 공시	발생사실	측정
현금 및 현금성자산	핵심	미적용	보조	미적용	보조	미적용	미적용
매출채권	핵심	미적용	보조	핵심	보조	미적용	미적용
금융자산	보조	미적용	보조	핵심	보조	미적용	보조
무형자산	보조	미적용	보조	핵심	보조	미적용	보조
리스자산/리스부채	보조	보조	보조	핵심	보조	미적용	보조
충당부채	미적용	보조	보조	핵심	보조	미적용	미적용
영업수익	미적용	미적용	미적용	보조	보조	핵심	핵심
외주용역비	미적용	보조	미적용	미적용	미적용	핵심	보조
급여, 복리후생비	미적용	보조	미적용	미적용	미적용	핵심	핵심
주식 기준 보상비용	미적용	보조	보조	보조	보조	보조	핵심
법인세비용/이연법인세자산	미적용	보조	미적용	핵심	보조	미적용	핵심
특수관계자 거래	미적용	핵심	미적용	보조	핵심	보조	보조
우발채무, 부외부채	미적용	핵심	미적용	미적용	핵심	보조	미적용

※ 핵심 : 핵심적 경영자 주장, 보조 : 비핵심적인 경영자 주장, 미적용 : 해당 계정과 관련성이 거의 없음

1. 현금 및 현금성자산

공영칠 회계사 : "나 수석님, 우선 현금 및 현금성자산 계정부터 함께 검토하시죠. 해당 계정에서 가장 핵심적인 경영자 주장은 무엇이라고 보십니까?"

나동제 수석 : "실재성이 아닐까요? 장부에 기록된 현금이 실제로 존재하는지가 중요하니까요. 실재하지 않는 수중현금을 계상하거나, 잔고증명서와 장부가 불일치하면 바로 위험 신호일 수 있거든요."

공영칠 회계사 : "맞습니다. 특히 아이넥사는 자금집행이 단독 OTP 단말기 기반이라, 내부통제가 느슨하면 부정위험이 클 수 있습니다. 실재성 주장에 근거한 통제는 반드시 설계되어야 합니다."

나동제 수석 : "통제로는 은행잔고증명서 수령 및 상호 대사 절차, 시재현금 정기 실사, 불시 점검, 그리고 자금지출 승인 절차까지 설계돼야겠군요."

공영칠 회계사 : "네. 특히 현금 계정은 감사인들이 실사 여부를 가장 먼저 확인하는 항목이기도 하니, 실재성 주장 실패는 바로 부정적인 감사의견으로 이어질 수 있습니다. 그리고 재무팀의 이중승인 절차도 포함시키는 게 좋겠습니다."

나동제 수석 : "그렇다면 권리와 의무는 보조 주장으로 봐야겠군요. 계좌 명의가 우리 법인인지, 위탁자금이 아닌지 정도를 확인하는 수준이니까요."

공영칠 회계사 : "그렇습니다. 그리고 '표시와 공시'도 보조적이지만, 사용제한 현금이 있다면 주석 공시가 반드시 필요하니 체크리스트에는 포함해야 합니다."

나동제 수석 : "완전성, 측정, 발생사실 등은 이 계정에서는 거의 관련이 없다고 봐야겠죠?"

공영칠 회계사 : "그렇습니다. 일반적으로 자산 계정은 완전성보다 과대계상 위험이 크고, 현금은 평가나 측정 이슈도 거의 없습니다. 그럼 이 계정에 대해서는 통제 설계의 출발점을 실재성으로 두고, 나머지는 보조로 매핑하시죠."

경영자 주장	핵심/보조/미적용	구체적 적용 근거
① 실재성	핵심	보고기간 말 현재 장부상 현금이 실제로 존재하는가에 대한 주장. 회사의 은행계좌에 기록된 잔액이 실제로 은행잔고증명서(bank confirmation)와 일치해야 하며, 보유 중인 현금(petty cash)이 실재해야 함. 한편, OTP 단말기 하나로 단독 자금 집행 시 허위·부정 지급 가능성 존재
② 완전성	미적용	현금 계정은 누락 위험보다 허위 계상 위험이 상대적으로 크기 때문에, 보통 '완전성'은 비적용. 완전성은 주로 비용·부채 계정에 중점
③ 권리와 의무	보조	장부상 현금은 회사 명의 계좌에 있고, 회사의 자금으로서의 소유권이 존재해야 함. 자금 계좌의 소유자 확인 절차, 공탁금 등 검토 필요
④ 평가	미적용	일반적으로 현금은 평가 이슈가 없음(만약, 외화 현금이 있고 유의한 수준의 금액이라면, 기말 환율로 환산해 기록되어야 하며, 환산손익, 환차손익은 손익계산서에 적절히 반영되어야 함).
⑤ 표시와 공시	보조	현금 및 현금성자산은 금융자산 등과 구분되어 표시되어야 하며, 사용제한 현금(예 : 지급보증 관련 예치금)은 별도 주석 공시가 필요함. '현금성자산'의 정의(취득 후 3개월 이내 만기 등)에 맞는지도 검토해야 함.
⑥ 발생사실	미적용	발생사실은 손익계산서 항목에 주로 적용되는 주장으로, 재무상태표 항목인 현금에는 적용되지 않음.
⑦ 측정	미적용	일반적인 현금은 측정 이슈가 없음(다만, 이자계산이 필요하거나, 외화 관련 손익 인식이 필요한 경우에는 측정 이슈가 일부 있을 수 있음).

2. 매출채권(계약자산, 계약부채 포함)

공영칠 회계사 : "나 수석님, 이번에는 매출채권을 볼까요? 수익 인식과 관련해서 리스크가 높고, 특히 허위매출이나 대손충당금 조정 같은 부분이 주요 통제 포인트죠."

나동제 수석 : "그렇겠네요. 저도 실재성과 평가가 핵심이라고 판단했습니다. 우선 실재성부터 보면, 이건 정말 '거래가 실재했는가'와 '매출채권이 회수 가능한 실체인가' 여부가 핵심이겠죠?"

공영칠 회계사 : "맞습니다. 선계상된 매출, 미청구 매출, 실제 용역 없이 발행된 청구서 등은 전형적인 부정 리스크입니다. 실재성 주장에 기반해서는 청구서와 계약서, 수주기록, 용역 이행 문서 등을 매칭해서 검토하는 통제를 설계해야겠죠."

나동제 수석 : "그리고, 회수 가능성까지 감안한다면, 거래처별 회수 이력, 부도 가능성, 대손 설정 근거까지 통합 검토해야 할 것 같습니다."

공영칠 회계사 : "바로 그 점이 평가 주장으로 이어지는 부분입니다. 매출채권은 실제로 존재하더라도, 회수 가능하지 않으면 무의미하죠. 적정한 대손충당금 설정 여부, 외화채권에 대한 환산 등도 반드시 포함되어야 합니다."

나동제 수석 : "권리와 의무는 보조주장이 될 것 같습니다. 특히 위탁매출이나 공동수행 프로젝트의 수익이 우리 권리인지 아닌지 불명확한 경우가 있으니까요."

공영칠 회계사 : "그렇죠. 그리고 표시와 공시도 간과할 수는 없습니다. 계약자산과 계약부채의 분류 기준, 유동/비유동 구분 기준 등을 공시 기준에 맞춰 적용하는지도 중요하죠."

나동제 수석 : "그런데, 회계사님, '완전성'은 왜 미적용인가요? 혹시 누락된 매출이 있을 수도 있지 않을까요?"

공영칠 회계사 : "좋은 질문입니다. 일반적으로 자산 계정, 특히 매출채권은 누락보다는 허위 계상이 일반적으로 더 우려되는 부분입니다. 완전성은 보통 비용이나 부채 쪽에서 중점적으로 보죠."

나동제 수석 : "측정은 수익인식 시점에서 중요한 주장 아닌가요?"

공영칠 회계사 : "맞긴 한데요, 수익 측정은 '영업수익' 계정에서 핵심적으로 다루고, 매출채권은 그 결과로 계상되는 항목입니다. 그래서 여기에선 평가만 핵심 주장으로 두고, 측정은 미적용으로 판단하는 게 합리적일 것 같습니다."

경영자 주장	핵심/보조/ 미적용	구체적 적용 근거
① 실재성	핵심	장부에 계상된 매출채권(또는 계약자산)이 실제 거래에서 발생한 실질적인 권리인지 여부 → 허위매출, 선계상, 청구되지 않은 매출의 과대계상 등 부정위험 존재 → 매출채권 잔액이 실제로 회수 가능한 자산인지 판단 필요
② 완전성	미적용	자산계정은 누락 위험보다 허위 계상 위험이 상대적으로 크기 때문에, 보통 '완전성'은 비적용. 완전성은 주로 비용·부채 계정에 중점
③ 권리와 의무	보조	해당 매출채권이 회사의 정당한 권리에 해당하는지 여부. 타사 매출 대행, 수탁거래 등 타인의 매출을 잘못 계상했을 경우 오류 가능성
④ 평가	핵심	매출채권에 대해 충분하고 적정한 대손충당금이 설정되었는지 여부 → 회수 가능성에 대한 회계추정 오류 또는 조작 가능성 존재. 외화채권일 경우 환산환율 적용 여부 검토도 필요
⑤ 표시와 공시	보조	계약자산·계약부채로의 분류 및 장·단기 구분, 관련 주석 공시 필요
⑥ 발생사실	미적용	발생사실은 손익계산서 항목에 주로 적용되는 주장으로, 재무상태표 항목인 매출채권에는 일반적으로 적용하지 않음.
⑦ 측정	미적용	진행률 기준인 경우 정확한 원가율, 진척도에 따른 수익 및 매출채권을 인식해야 함. 매출채권은 정확한 수익인식(측정)의 결과 항목이라 할 수 있으므로 미적용함.

3. 금융자산

공영칠 회계사 : "이번에는 금융자산을 검토해볼까요? 단순히 '투자 자산'이라기보다는, 분류와 평가 기준이 워낙 다양해서 통제가 복잡해질 수 있는 영역이죠."

나동제 수석 : "그러게요. 특히 지분증권이 당기손익공정가치측정금융상품(FVPL)이나 기타포괄손익공정가치측정금융상품(FVOCI)으로 분류되는지, 채무상품이 상각후원가측정금융자산(AC)으로 가는지 등도 구분해야 하고요. 무엇보다도 공정가치 평가도 중요할 것 같아요."

공영칠 회계사 : "그렇습니다. 그래서 이 계정의 핵심 경영자 주장은 '평가'입니다. 특히 비상장 주식 같은 경우에는 Level 3 공정가치 기법을 적용하기 때문에 내부 추정치나 할인율, 가정이 왜곡되면 전반적인 왜곡표시 위험이 큽니다."

나동제 수석 : "채권성 자산은 손상도 검토 대상이겠죠? 회수불능 가능성이 있는 채권을 그대로 들고 있다면, 평가 오류에 해당할 테니까요."

공영칠 회계사 : "당연합니다. 그리고 보조 주장이지만 '실재성'도 놓칠 수 없습니다. 특히 거래일 기준 인식인지, 결제일 기준인지 혼동이 있으면 장부에 없는 자산을 인식하거나, 이미 매각된 자산을 남겨두는 오류가 발생하죠."

나동제 수석 : "외부 수탁기관이나 증권사 명의로 보유한 금융자산의 경우, 우리가 소유권을 갖고 있는지 확인도 필요하니 '권리와 의무' 주장도 보조로 넣는 거군요."

공영칠 회계사 : "네. 실제로 환매조건부매도(RP) 계약 같은 경우 실질은 담보부 대출이지만 외형상 자산 매각처럼 보일 수 있습니다. 이런 경우 판단 기준이 애매해지죠."

나동제 수석 : "그렇군요. 그리고, 표시와 공시를 보조 주장으로 보셨네요?"

공영칠 회계사 : "표시와 공시 관련해서 국제회계 기준(IFRS)이 굉장히 상세합니다. 분류, 평가 방법, 리스크, 만기 구조, 신용위험 등도 다 공시해야 하거든요. 간과되기 쉬운 부분이지만, 감사 시에는 공시 미흡이 지적되는 경우가 의외로 많습니다. 마지막으로, '측정'은 평가와 일부 겹치지만, 금융자산에서 발생하는 이자수익이나 배당수익, 평가손익이 적절한 기간에 반영되었는지를 별도로 점검해야 하니 보조 주장으로 둡니다."

나동제 수석 : "완전성은 자산 계정의 경우 허위 계상의 위험이 더 크니까 미적용이 타당하고, 발생사실은 자산계정이라서 역시 적용하지 않는 거고요?"

공영칠 회계사 : "네, 맞습니다. 이해가 빠르시네요."

경영자 주장	핵심/보조/미적용	구체적 적용 근거
① 실재성	보조	장부에 계상된 금융자산(지분증권·채무증권 등)이 실제로 존재하는지 여부 → 존재하지 않는 유가증권 계상, 거래일 기준과 결제일 기준 혼용 등으로 인한 실재성 위반 가능성 존재(핵심적인 경영자 주장은 아님)
② 완전성	미적용	보통 금융자산은 누락보다 허위계상의 위험이 더 크며, 외부 거래 상대방이나 수탁기관을 통해 회계처리되므로 완전성보다는 실재성에 중점
③ 권리와 의무	보조	장부에 기록된 금융자산에 대해 회사에 실질적 소유권 또는 처분권한이 있는지 여부. 외부 수탁자 명의로 보관된 금융상품, 담보제공된 자산, 환매조건부매매(RP) 등 확인 필요
④ 평가	핵심	금융자산이 공정가치 또는 상각후원가 등 적절한 기준으로 평가되었는지 여부 → 시장가격이 없는 경우 Level 2 또는 Level 3 평가기법 적용 시 회계추정 타당성 검토 필요. 채무 상품의 손상 여부(ECL) 반영 여부도 포함

⑤ 표시와 공시	보조	금융자산의 분류 (FVPL, FVOCI, AC), 단기·장기 구분, 관련 위험 공시(금융위험, 신용위험 등) 여부 검토. 금융상품 공시 기준 (IFRS 7 등)에 따라 거래 내역·리스크·분류·평가 방식 등의 명확한 주석이 요구됨.
⑥ 발생사실	미적용	금융자산은 재무상태표 항목이며, 손익계산서 항목과는 직접 관련 없음. 발생사실은 매출 등 손익계정에 주로 적용
⑦ 측정	보조	금융자산 관련 이자수익, 배당수익, 평가손익 등은 적절한 기간 및 방식으로 인식되어야 함(예 : 채권의 유효이자율법에 의한 이자 인식, 평가손익의 당기 반영 여부 등 확인 필요).

4. 무형자산

공영칠 회계사 : "이번에는 무형자산입니다. 금액도 총자산의 약 30%에 달하고, 내부 개발 R&D비 자산화가 포함돼 있어서 통제가 굉장히 중요합니다."

나동제 수석 : "저희가 자체 개발한 추천 알고리즘이 무형자산에 포함되어 있거든요. 연구 단계를 지나 개발 단계에서 자산화조건을 충족한 뒤 비용을 이연했죠."

공영칠 회계사 : "그래서 이 계정의 핵심 경영자 주장은 단연 '평가'입니다. 단순히 취득원가가 아니라, 자산화된 원가가 적절한지, 추정내용연수, 손상징후, 감가상각 기준 등 다양한 판단 요소가 뒤따릅니다."

나동제 수석 : "손상평가를 매년 해야 하는데, 실은 내부적으로도 '사용가치' 추정이 쉽지 않더라고요. 시장에서 팔릴 것도 아니고, 현금흐름 추정이 주관적이어서요."

공영칠 회계사 : "그 점이 회계감사에서도 자주 쟁점이 됩니다. 손상검사

는 '평가' 주장 중 가장 민감한 영역입니다. 추정된 미래 현금흐름이 과도하게 낙관적이면 왜곡 위험이 생기죠."

나동제 수석 : "보조 주장을 보면, 먼저 '실재성'이 완전히 배제되지는 않는 이유는 뭘까요? 무형자산은 물리적 실체가 없잖아요."

공영칠 회계사 : "그렇지만 장부에 계상된 개발비가 실재하는 프로젝트에서 나온 것인지, 종료되었거나 실패한 프로젝트를 그대로 유지하고 있는 것은 아닌지를 확인해야 하거든요. 따라서 실재성은 보조적으로 봅니다."

나동제 수석 : "'권리와 의무' 주장도 보조 적용이군요. 공동개발이나 외주개발이면, 우리가 소유권을 갖고 있는지를 따져봐야 한다는 뜻인가요?"

공영칠 회계사 : "정확합니다. 외주개발계약서에 권리가 회사로 귀속되는지 명시돼 있지 않다면, 회계상 자산화 요건을 충족하지 못할 수 있습니다."

나동제 수석 : "표시와 공시는 손상, 내용연수, 상각 방법, 분류 등 공시 항목이 많아서 빠뜨리면 바로 리스크가 생길 수 있다는 점에서 관련성을 부여하신 건가요?"

공영칠 회계사 : "네, 특히 사용기간이 한정되어 있는지 여부나 상각 방법의 적절성은 투자자 입장에서 중요한 정보입니다."

나동제 수석 : "그럼 '측정' 주장도 일부 포함되는 이유는 상각기간과 방법 때문인가요?"

공영칠 회계사 : "맞습니다. 상각 기준이 개발비에 합리적으로 적용되고 있는지, 추정변경은 적절히 반영되었는지 등은 측정 주장으로 보조 적용할 수 있습니다."

나동제 수석 : "완전성은 여전히 비적용이죠? 자산이니 누락의 위험보다는 과대계상 위험이 핵심이니까요."

공영칠 회계사 : "맞습니다. 그리고 무형자산은 재무상태표 항목이므로 '발생사실' 주장도 역시 미적용으로 정리하는 게 타당할 것 같습니다."

경영자 주장	핵심/보조/미적용	구체적 적용 근거
① 실재성	보조	무형자산은 물리적으로 존재하지 않지만, 실제 확보된 자산인지 여부(예 : 등록된 소프트웨어, 특허 등)는 검토 대상 → 자산이 허위로 계상되거나, 자산화 후 중단된 프로젝트 등 검토
② 완전성	미적용	무형자산은 일반적으로 자산화 요건 충족 여부에 따라 계상되며, 누락의 위험보다는 허위 자산화 또는 과대 계상 위험이 중심. 따라서 완전성 주장은 상대적으로 관련성 낮음.
③ 권리와 의무	보조	자산화된 무형자산에 대해 회사가 법적 또는 실질적 사용권·소유권을 보유하는지 여부 검토 필요 → 예 : 공동개발 자산, 외주 개발분에 대한 권리 미확보, 특허권 등록 미완료 등
④ 평가	핵심	자산화된 R&D비용, 특허권, 소프트웨어 등의 취득원가 또는 내부원가 구성이 적절한지, 손상징후가 있을 경우 회수가능액으로 평가되었는지 검토 → 손상검사(impairment test) 미실시 및 손상차손 미인식 위험
⑤ 표시와 공시	보조	무형자산의 분류(소프트웨어, 개발비 등), 내용연수, 상각 방법, 잔존가치 등에 대한 공시 요구 → 국제회계 기준에 따라 무형자산 구성 내역, 손상 관련 공시 등을 충족해야 함.
⑥ 발생사실	미적용	무형자산은 재무상태표 항목이며, 손익계산서 계정처럼 특정 거래나 사건의 발생 여부와 직접 관련되진 않음. 따라서 일반적으로는 미적용
⑦ 측정	보조	상각 산정 기준(내용연수, 상각 방법 등)이 적절하게 적용되고 지속적으로 검토되었는지 여부 → 추정변경, 무형자산 상각비의 기간귀속의 적정성, 손상처리 포함

5. 리스자산/리스부채

공영칠 회계사 : "다음은 리스자산과 리스부채입니다. 국제회계 기준(IFRS 16) 도입 이후에는 단순 임대계약도 모두 사용권자산과 리스부채로 인식하게 되었죠."

나동제 수석 : "맞습니다. 아이넥사는 사무실과 일부 테스트 장비를 리스로 쓰고 있습니다. 예전에는 비용 처리했지만, 지금은 자산과 부채로 다 계상하고 있어요."

공영칠 회계사 : "이 계정에서 핵심 경영자 주장은 '평가'입니다. 특히 초기 인식 시의 회계추정(할인율, 옵션조건, 리스기간 등)이 적절하게 반영되었는지가 핵심이죠."

나동제 수석 : "저희는 대체로 '차입이자율'을 기준으로 할인율을 정했는데, 기간이 짧거나 조기 해지조건이 있는 계약은 좀 애매하더라고요."

공영칠 회계사 : "그게 바로 왜곡 위험입니다. 리스기간을 짧게 설정하거나 옵션 행사 가능성을 과소평가하면 리스부채가 과소 인식되거든요. 통제 설계 시 꼭 고려하셔야 할 부분입니다."

나동제 수석 : "그럼 실재성은 왜 보조 주장에 해당하나요? 자산을 물리적으로 소유하고 있는 건 아니잖아요?"

공영칠 회계사 : "그렇지만 장부에 기록된 사용권자산이 실제로 계약에 의해 확보된 권리인지, 종료되거나 면제 적용된 리스를 그대로 두고 있는 것은 아닌지 확인해야 합니다. 실재성은 그런 측면에서 보조로 적용됩니다."

나동제 수석 : "완전성도 보조 적용이네요. 그러고 보니, 리스계약을 누락하거나, 단기·소액 리스 기준을 남용한 사례도 들은 적이 있네요."

공영칠 회계사 : "맞습니다. 오히려 중소기업에서 가장 빈번하게 실수하

는 부분이 바로 이 '완전성'입니다. 일부러 계상을 피하려고 면제조건을 과도하게 적용하는 경우도 많고요."

나동제 수석 : "권리와 의무 주장은요? 리스는 계약상 권리와 의무가 명확하잖아요."

공영칠 회계사 : "그렇기 때문에 보조로 둡니다. 계약서에 사용권한과 상환의무가 명확히 존재하는지 확인하고, 계약 실질이 형식과 일치하는지도 점검 대상입니다."

나동제 수석 : "표시와 공시도 챙겨야 할 경영자 주장이죠? 리스료 총액, 만기, 할인율, 조건 등 복잡하니까요."

공영칠 회계사 : "맞습니다. IFRS 16은 공시 요구사항이 아주 구체적입니다. 주석에 명확하게 기재되지 않으면 투자자 혼란을 유발할 수 있습니다."

나동제 수석 : "측정은 평가와 어떻게 구분되나요?"

공영칠 회계사 : "측정은 회계기간 이후, 예를 들어 리스기간 변경이나 이자상각, 감가상각이 적절히 반영되었는지를 말합니다. 평가가 초기 인식이라면, 측정은 후속 절차죠."

나동제 수석 : "아, 그렇구나. 그리고, '발생사실' 주장은 제외하는 것이 맞겠네요. 리스는 자산·부채 항목이고, 비용은 다른 계정에서 인식되니까요."

공영칠 회계사 : "정확하게 이해하고 계십니다. 리스이자나 상각비는 각각 발생사실 주장을 적용할 수 있지만, 리스자산과 부채 자체는 적용 대상이 아닙니다."

경영자 주장	핵심/보조/미적용	구체적 적용 근거
① 실재성	보조	보고된 사용권자산이 실제로 리스계약을 통해 확보된 권리인지 여부 → 만기 종료, 계약 종료 또는 면제 적용된 항목을 미제거하거나, 허위 리스계약 계상 위험
② 완전성	보조	식별된 모든 리스계약이 재무제표에 적절히 반영되었는지 여부 → 회계처리를 회피하기 위한 운영리스 분류, 소액·단기 리스의 과도한 면제 적용 가능성 검토
③ 권리와 의무	보조	사용권자산에 대해 사용권한이 있는지, 리스부채로 인식된 채무가 회사에 상환의무가 있는지 여부 → 서면계약이 없거나, 계약의 실질과 다를 경우 리스크 존재
④ 평가	핵심	초기 인식 시의 할인율, 리스료, 옵션조건, 예상 리스기간 등 복잡한 회계추정이 적절히 적용되었는지 여부 → 할인율 과소/과대 적용, 리스료 조정 누락 등 평가 오류 위험 존재
⑤ 표시와 공시	보조	리스자산과 리스부채의 장·단기 구분, 리스계약조건, 할인율, 리스만기, 총리스료 등 공시요건 충족 여부 → IFRS 16 기준에 따라 공시 항목이 명확히 요구됨.
⑥ 발생사실	미적용	리스계약 자체는 재무상태표 항목이므로 손익계정과 같은 거래 발생 여부 주장과는 거리가 있음(단, 리스이자비용이나 상각비에 대해서는 발생사실 적용 가능 → 별도 계정에서 고려).
⑦ 측정	보조	사용권자산의 감가상각비, 리스부채의 이자비용 계산 및 상환 스케줄이 적절히 적용되었는지 여부 → 리스기간 변경 시 재측정 여부, 잔존가치 재평가 등 포함

6. 충당부채

공영칠 회계사 : "이번엔 충당부채를 볼까요? 금액은 3억 원 수준이지만, 성격상 질적 중요성이 높은 계정입니다. 핵심 경영자 주장은 '평가'입니다."

나동제 수석 : "충당부채는 예측된 손해, 특히 소송이나 보증에 대비해

서 설정하는 계정이니까요. 하지만 '평가'라는 주장이 핵심인 이유는 뭘까요?"

공영칠 회계사 : "충당부채는 회계상 실제로 확정된 의무가 아니라, '발생할 가능성이 높고 신뢰성 있게 추정 가능한 의무'를 현재 시점에서 추정해 계상하는 겁니다. 따라서 '합리적인 추정'이 핵심이고, 이건 전적으로 평가 이슈입니다."

나동제 수석 : "예를 들어, 진행 중인 소송이 1억 원에서 3억 원 사이일 경우, '기대값' 개념으로 평균값을 잡아야 하나요?"

공영칠 회계사 : "그럴 수도 있고, 상황에 따라 법률적 자문을 반영해 최빈값, 보수적 추정값 등 다양한 접근이 가능합니다. 하지만 이때 고려한 근거, 가정, 확률이 명확하게 문서화돼야 합니다. 이게 평가 통제의 핵심이죠."

나동제 수석 : "그런데, 실재성 주장은 왜 미적용인가요? 어쨌든 부채가 있는 것이잖아요."

공영칠 회계사 : "충당부채는 현재 시점에서 법적으로 '존재하는 채무'가 아닙니다. 미래에 발생할 가능성이 높다고 본 잠재적인 의무니까요. 그래서 '실재성'은 일반적인 자산·부채처럼 적용되지는 않고, 대신 평가를 통해 존재 가능성을 판단하게 됩니다."

나동제 수석 : "완전성은 보조적인 경영자 주장으로 보셨네요? 누락 위험 때문일까요?"

공영칠 회계사 : "맞습니다. 의무가 있음에도 불구하고 누락될 수 있는 가능성이 항상 있습니다. 예를 들면 소송 진행이 경영진까지 제대로 보고되지 않았거나, 내부 보증계약이 통제 대상 밖에 있었던 경우 등입니다. 내부 커뮤니케이션 통제가 완전성 통제로 이어져야 하죠."

나동제 수석 : "'권리와 의무' 주장은 어떤 경우에 적용되나요?"

공영칠 회계사 : "회사 입장에서 실제 의무를 부담할 책임이 있는 주체인지, 혹은 단순히 협력사가 대표로 나선 것인지 등을 판단하는 항목입니다. 법적 책임이 회사에 있지 않은데도 계상하면 오류가 발생하죠."

나동제 수석 : "표시와 공시 관련해서 예상된 의무를 얼마나 구체적으로 적어야 하나요?"

공영칠 회계사 : "금액, 내용, 발생조건, 주체, 소송 단계, 만기 등 다양한 정보를 주석에 포함해야 합니다. 특히 '공시를 하지 않기로 한 경우'에도 그 이유를 명시해야 하므로, 보조 경영자 주장이기는 해도 실제 감사에서는 민감하게 보는 항목입니다."

나동제 수석 : "충당부채와 관련해서, 측정은 평가와 유사한 주장 같은데요?"

공영칠 회계사 : "맞습니다. 충당부채의 경우, 측정과 평가가 사실상 동일한 내용으로 다뤄지므로 실무상은 '측정'을 별도 주장으로 보지 않고, 평가에 통합하는 경우가 일반적입니다."

나동제 수석 : "그런데, 발생사실은 왜 미적용인가요?"

공영칠 회계사 : "충당부채는 비용이긴 하지만, 실제로 확정된 거래에 따른 것이 아니기 때문입니다. '미래에 발생할 가능성이 높은 사건'을 현재 시점에서 반영하는 개념이므로, 거래 발생 여부를 판단하는 발생사실 주장은 해당되지 않습니다."

경영자 주장	핵심/보조/미적용	구체적 적용 근거
① 실재성	미적용	충당부채는 미래의 가능성 있는 의무를 현재 시점에서 추정해 인식하는 개념이므로, 현재 실재하는 의무는 아님. → 실재성보다는 존재 가능성과 평가가 중심
② 완전성	보조	회계기준상 충당부채는 모든 발생 가능한 의무에 대해 누락 없이 계상되어야 함. → 미인식 우발손실, 은폐된 소송, 미신고 보증채무 등 누락 위험
③ 권리와 의무	보조	보고일 현재 회사가 부담할 가능성이 높은 채무(의무)에 대해 실질적으로 이행 책임이 있는지 여부 → 계약상 책임, 법적 분쟁, 보증의 실질적 책임자 판단 필요
④ 평가	핵심	추정된 충당부채가 회계 기준에 따라 합리적으로 추산되었는지 여부 → 소송금액 추정, 할인 적용, 복수 시나리오에 따른 기대값 평가 등
⑤ 표시와 공시	보조	충당부채의 성격, 발생사유, 주요조건 등을 주석으로 공시해야 하며, 필요 시 우발채무 구분 공시 필요 → IFRS 기준상 명확한 공시 요구 존재
⑥ 발생사실	미적용	충당부채는 손익계산서의 '비용' 항목과 직접 관련 있지만, 회계상 발생은 추정에 근거한 현재의 의무이므로, 특정 거래의 발생사실과는 구분됨.
⑦ 측정	미적용	측정과 관련된 고려사항(예 : 상환 시점, 현재가치 적용 등)은 실질적으로 평가(Valuation) 주장하에 통합적으로 고려되므로, 별도의 경영자 주장으로 구분하지 않음.

7. 영업수익

공영칠 회계사 : "나 수석님, 이번엔 '영업수익' 계정입니다. 매출이 재무성과에서 차지하는 중요성은 양적으로나 질적으로나 절대적이라고 할 수 있죠. 아이넥사의 경우 영업수익과 관련한 경영자 주장 중에서는 '발생사실'과 '측정'이 핵심인 것으로 판단됩니다."

나동제 수석: "아이넥사의 영업수익은 진행률 기준 수익인식도 포함하고 있어서 수익 인식 왜곡의 가능성이 클 수 있을 것 같아요. 먼저 '발생사실' 주장부터 설명해주시겠어요?"

공영칠 회계사: "네. '발생사실'은 보고기간 중에 실제로 상품이 인도되거나 용역이 제공되었는지를 의미합니다. 즉, 매출이 '청구서 발행일' 기준이 아니라, 계약상 의무를 이행한 시점에 인식되었는지를 검토하는 것이죠."

나동제 수석: "그러면 허위매출이나 조기계상 같은 부정 리스크도 '발생사실' 주장에서 대응하는 것인가요?"

공영칠 회계사: "맞습니다. 특히 매출을 과도하게 선계상하거나, 아직 인도되지 않은 물품이나 용역에 대한 매출을 끌어오는 행위는 발생사실 위반에 해당합니다. 계약의 이행 시점과 회계 인식 시점이 일치해야겠죠."

나동제 수석: "'측정' 주장은 어떤 상황에 중점을 둬야 하나요?"

공영칠 회계사: "진행률 기준 수익인식에서는 '진척도'가 중요합니다. 원가 기준, 실물 기준 등을 기준으로 얼마나 진행됐는지를 측정해 수익을 배분하죠. 그런데 여기서 원가율을 잘못 잡거나, 예상 원가를 과소 추정하면 매출이 과대 인식됩니다."

나동제 수석: "이건 통제를 반드시 설계해야겠네요. 계약별 원가 산정, 진행률 검토, 변경계약 반영 여부 등 전부 체크리스트화 해야겠어요."

공영칠 회계사: "맞습니다. '계약변경'도 중요합니다. 계약조건이 바뀌었는데 반영이 누락되면 측정 오류로 이어지니까요. 수익의 적정성과 기간귀속을 통제하는 게 핵심입니다."

나동제 수석: "그런데 '실재성' 주장은 적용 안 되나요? 수익이 있으면 무언가 실체가 있어야 하지 않나요?"

공영칠 회계사: "좋은 질문입니다. 실재성은 재무상태표 계정, 즉 자산·

부채의 존재 여부에 적용되는 주장입니다. 매출은 손익계정이라서, '실재'보다 '발생'이 중요한 겁니다. 실재성은 자산계정인 매출채권 등에서 따로 점검하는 게 일반적이에요."

나동제 수석 : "완전성은요?"

공영칠 회계사 : "이론적으로 수익 누락도 있을 수 있지만, 실무에서는 허위매출이나 조기계상이 더 흔해서 상대적으로 비중이 낮습니다. 그래서 '완전성'은 미적용으로 구분했습니다."

나동제 수석 : "'평가'는 보조인데, 어떤 케이스에서 중요해지죠?"

공영칠 회계사 : "계약상 거래가격이 고정되지 않았거나, 변동대가가 있는 경우입니다. 예를 들면 할인, 리베이트, 성과조건이 걸린 수수료 등이 있죠. 예상 변동대가를 신뢰성 있게 추정했는지가 평가 통제의 초점입니다."

나동제 수석 : "공시는 IFRS 15(한국채택 국제회계 기준 1115호) 관련 내용이 많잖아요?"

공영칠 회계사 : "네, 맞습니다. 매출 유형, 계약조건, 수익 인식 기준, 거래상대방, 거래 금액 등 상세한 주석 공시가 요구되기 때문에 보조 주장으로 분류했지만, 통제 설계는 반드시 필요합니다."

경영자 주장	핵심/보조/미적용	구체적 적용 근거
① 실재성	미적용	영업수익(매출)은 손익계정이므로 일반적으로 발생사실과 밀접하게 연관됨. 자산의 존재 여부보다는 수익 발생의 실질 시점을 검증하므로 '발생사실' 주장으로 대체
② 완전성	미적용	영업수익(매출)계정은 누락 가능성은 존재하나, 실무상 허위계상 위험이 상대적으로 크기 때문에, '완전성'은 중요도가 상대적으로 낮아 비적용용함(완전성은 주로 비용·부채 계정에 중점).
③ 권리와 의무	미적용	수익 계정에서는 일반적으로 적용되지 않음. 해당 매출이 자산(채권)으로 전환되며 관련되는 권리 주장과는 성격이 다름.

경영자 주장	핵심/보조/미적용	구체적 적용 근거
④ 평가	보조	계약상 거래가격이 변동조건(예 : 성과기반 대가, 할인, 리베이트, 환율 등)을 반영해 합리적으로 산정되었는지 여부. 특히 IFRS 15에 따라 예상변동대가를 추정할 때, 보수적인 추정과 신뢰성 있는 정보에 기반했는지 확인이 필요함.
⑤ 표시와 공시	보조	매출 유형(제품/용역/라이선스 등), 주요 계약조건, 진행률 판단 기준, 주요 고객 비중 등 IFRS 15 공시요건 충족 여부
⑥ 발생사실	핵심	수익이 적절한 회계기간에 인식되었는지, 실질적 상품 인도나 용역 제공이 완료되었는지 검증 필요
⑦ 측정	핵심	진행률 기준 수익의 경우, 진척도(비용 기준 또는 실물 기준)의 측정이 적절하게 산정되었는지 여부가 핵심. 계약변경이 반영되었는지, 계약별 수익인식 시점 및 금액이 합리적 기준에 따라 측정되었는지 여부 포함

8. 외주용역비

공영칠 회계사 : "외주용역비입니다. 연간 약 270억 원, 영업비용의 25% 이상을 차지하니 핵심 계정으로 볼 수 있죠."

나동제 수석 : "네, 저희가 외주를 꽤 많이 주니까요. 프로젝트 관련해서뿐만 아니라 연구개발 쪽도 외주 비중이 꽤 높습니다."

공영칠 회계사 : "그래서 핵심 경영자 주장은 '발생사실'입니다. 실제로 보고기간 중 용역이 제공되었는지, 청구는 계약서와 일치하는지 확인해야 하죠."

나동제 수석 : "사후에 계약서 끼워넣거나, 검수 없이 비용을 먼저 인식하는 사례는 흔하잖아요. 그런 부정도 '발생사실'로 커버하는 거죠?"

공영칠 회계사 : "맞습니다. 계약체결일 기준이 아니라, 실질적인 용역

제공과 검수 완료 기준으로 인식돼야 합니다. 외주용역비의 통제 핵심은 바로 이 인식시기와 실체 검증입니다."

나동제 수석 : "'측정' 주장은 구체적으로 어떤 것을 봐야 하나요?"

공영칠 회계사 : "계약 단가가 정확히 반영됐는지, 산출근거에 따른 계산이 맞는지를 봐야죠. 특히 용역기간이 장기일 경우, 수행 시점과 인식 시점이 어긋나지 않게 비용을 귀속해야 합니다. 이건 발생주의 관점의 측정입니다."

나동제 수석 : "근데 이거 '평가'와는 어떻게 다르죠? 단가 오류 같은 건 평가가 아닌가요?"

공영칠 회계사 : "좋은 질문입니다. 평가(Valuation)는 자산·부채의 '공정가치 추정'에 가까운 개념이고, 비용계정에서는 주로 측정(Measurement)으로 통합해서 보죠. 단가 확인이나 계산 시점의 적절성 등은 측정 주장의 일부입니다."

나동제 수석 : "완전성은 보조 주장인데, 실무에서 누락도 종종 생기긴 하잖아요?"

공영칠 회계사 : "맞습니다. 계약 누락, 미검수분 누락, 또는 인식 시점 지연으로 인한 과소계상이 발생할 수 있습니다. 하지만 상대적으로는 허위계상 위험이 더 커서 핵심 주장으로 구분하지 않았습니다."

나동제 수석 : "실재성은 적용되지 않겠죠?"

공영칠 회계사 : "네, 외주용역비는 손익계정이라 실재성보다는 발생사실이 중요합니다. 자산이 존재하느냐보다 용역이 '제공되었느냐'가 핵심입니다."

나동제 수석 : "공시나 권리·의무도 미적용으로 구분하셨네요?"

공영칠 회계사 : "네. IFRS상 외주용역비는 별도 공시요구 수준이 낮고, 계약상 권리의 귀속보다는 회계인식 적정성에 집중하는 게 맞을 것으

로 판단했습니다."

경영자 주장	핵심/보조/미적용	구체적 적용 근거
① 실재성	미적용	실재성은 보통 자산계정과 관련되며, 외주용역비는 손익계정이므로 '보고기간 중 실제 용역이 제공되었는가'가 핵심이고, 일반적으로 발생사실과 밀접하게 연관됨.
② 완전성	보조	해당 기간 중 모든 외주계약에 따른 비용이 빠짐없이 반영되었는지 여부 → 계약 누락, 검수 누락, 회계 인식 지연 등으로 인한 과소계상 가능성 존재. 다만 일반적으로 핵심 주장은 아님.
③ 권리와 의무	미적용	외주용역비는 비용이므로 자산/부채처럼 권리와 의무 개념과는 거리가 있음. 다만, 계약 이행의무 여부는 구매처 입장에서 계약위험으로 검토될 수 있으나 주요 주장은 아니므로 적용 배제
④ 평가	미적용	계약서상의 단가, 산출근거, 공급업체 청구내용이 정확히 일치하는 금액으로 인식되었는지 여부를 점검. 다만, 실무상 '측정'과 중복되는 부분이 많아, '측정' 주장으로 통합
⑤ 표시와 공시	미적용	IFRS상 별도 공시 요구수준은 낮음. 일반적으로 주요 주장은 아니므로 적용 배제
⑥ 발생사실	핵심	보고기간 내 실제 외주계약 이행 및 비용 청구가 이루어졌는지 여부 → 사후계약서 작성, 소급계상, 허위계상 등 부정위험이 존재할 수 있음.
⑦ 측정	보조	발생주의에 따라 용역 수행 시점에 귀속되었는지 여부 → 용역이 실제로 수행된 시점과 회계상 비용 인식 시점이 일치하는지 여부를 점검. 용역 완료 후 검수 기준이 명확하지 않을 경우 비용 귀속 시점 왜곡 가능성 존재

9. 급여 및 복리후생비

공영칠 회계사 : "나 수석님, 급여와 복리후생비에 대해 이야기 나눠볼까요? 연간 약 360억 원 규모로, 단일 비용 항목 중 비중이 상당히 높습니다."

나동제 수석 : "네. 직원 수가 늘고, 복리후생도 다양화되면서 관리가 복잡해졌습니다. 급여와 관련한 통제는 반복성이 있어서 간과되기 쉬운 것 같아요."

공영칠 회계사 : "그 점이 오히려 리스크죠. 반복 발생한다고 해서 항상 정확히 처리된다는 보장은 없으니까요. 핵심 경영자 주장은 2가지입니다. '발생사실'과 '측정'입니다."

나동제 수석 : "발생사실부터 보면, 실제로 근로가 제공되었는지를 확인해야겠군요?"

공영칠 회계사 : "맞습니다. 미근무자에 대한 급여 지급, 조작된 근태자료, 중도 퇴사자에 대한 지급 등은 대표적인 위반 사례입니다. 출퇴근 기록, 근태 승인 절차, 지급 기준의 자동화 여부 등을 내부통제로 점검하셔야 합니다."

나동제 수석 : "근로제공과 급여 인식이 분리되는 경우도 있죠. 예를 들면, 1월에 일한 급여를 2월에 지급하는 경우요."

공영칠 회계사 : "바로 그런 경우에 '측정' 주장이 중요합니다. 비용은 '발생주의' 기준에 따라 귀속돼야 하므로, 1월분은 1월 손익에 인식되어야 합니다. 당월 발생, 전월 후속지급, 성과급 선계상·후계상 오류 등 모두 측정 통제 항목입니다."

나동제 수석 : "성과급은 특히 골치입니다. 결정 시기, 가득조건 충족 시점, 실제 지급 시점이 다 다르잖아요."

공영칠 회계사: "그렇습니다. 대표적인 측정 리스크입니다. 약정된 금액의 발생 시점을 정확히 판단해서 손익귀속을 시켜야죠."

나동제 수석: "'완전성'은 보조 주장으로 넣으셨네요. 하긴, 누락 급여나 복리후생비가 생기곤 하더라고요."

공영칠 회계사: "네, 연차수당, 퇴직급여, 복리후생비 중 일부는 부서 단위 예산으로 처리되다 보니 누락 가능성이 있습니다. 전사적인 자동화 시스템과 통합된 급여지급 흐름이 중요합니다."

나동제 수석: "실재성은 적용하지 않는 것이 맞겠죠?"

공영칠 회계사: "맞습니다. 실재성은 자산 계정에 주로 적용되는 주장입니다. 급여는 손익계정이기 때문에, 실재성보다는 '그 일이 실제로 발생했는가'에 해당하는 '발생사실'이 핵심입니다."

나동제 수석: "권리와 의무, 표시와 공시도 큰 관련성을 찾지 못하겠는데, 역시 미적용으로 판단하셨네요."

공영칠 회계사: "네. 급여와 복리후생비는 IFRS에서 별도로 주요하게 공시를 요구하는 수준이 낮고, 계약상 권리의 귀속 여부도 해당 계정에서는 핵심 이슈가 아닌지라 미적용으로 구분했습니다."

경영자 주장	핵심/보조/미적용	구체적 적용 근거
① 실재성	미적용	실재성은 보통 자산계정과 관련되며, 인건비는 손익계정이므로 '보고기간 중 실제 근로제공 및 인건비 발생 여부'가 핵심이므로, 일반적으로 발생사실과 밀접하게 연관됨.
② 완전성	보조	실제 지급 대상이 된 급여 및 복리후생비가 누락 없이 전부 인식되었는지 여부 → 미지급 급여, 근태 누락, 복리후생 누락 비용 등 과소계상 가능성 존재
③ 권리와 의무	미적용	급여는 자산·부채 개념보다는 비용 항목으로, 권리·의무 주장과는 연관성이 낮으므로 적용 배제

④ 평가	미적용	급여 테이블, 근태자료, 상여 기준 등에 따라 정확한 금액이 산정되었는지 여부. 다만, 실무상 시스템적, 반복적 처리가 많아 '평가' 관련 위험이 낮고, '측정'과 중복되는 부분이 많아, '측정' 주장으로 포함해서 고려
⑤ 표시와 공시	미적용	급여는 포괄손익계산서상 판관비 또는 제조원가에 포함되며, IFRS 기준상 별도 공시요구 수준이 낮으므로, 적용 제외
⑥ 발생사실	핵심	보고기간 중 실제 근로가 제공되어 그 대가로 지급된 급여인지 여부→ 미근무자의 수당 지급, 근태자료 조작 등 부정위험 대응 필요
⑦ 측정	핵심	급여 및 복리후생비가 발생주의 기준에 따라 정확히 귀속되었는지 여부 → 전월 발생분의 당월지급, 성과급의 선계상 또는 후계상 오류 등 시기 오인식 가능

10. 주식 기준 보상비용

공영칠 회계사 : "이번에는 스톡옵션, 즉 주식 기준 보상비용입니다. 금액은 2억 원도 안 되지만, 질적으로 상당히 중요합니다."

나동제 수석 : "맞습니다. 최근에 임직원용 스톡옵션제도를 새로 정비했거든요. 투자자들 눈치도 많이 보이는 항목이라 조심스럽습니다."

공영칠 회계사 : "주식 보상은 외부 이해관계자에게도 메시지를 주는 계정이기 때문에, 공시부터 회계처리까지 모두 예민합니다. 핵심 경영자 주장은 '측정'입니다."

나동제 수석 : "측정이 핵심인 이유는 보상비용을 정확히 분기별로 배분해서 인식해야 하기 때문인가요?"

공영칠 회계사 : "정확합니다. 스톡옵션 부여 시점의 공정가치를 가득기간에 걸쳐 배분해야 합니다. 예를 들어 3년 가득기간이라면, 해당 금액을 3년간 균등 혹은 조건에 따라 나눠 인식해야 하죠."

나동제 수석 : "중도 퇴사자나 계약변경이 있을 경우엔 어떻게 처리하나요?"

공영칠 회계사 : "그게 바로 통제의 핵심입니다. 퇴사자는 행사조건을 충족하지 못했으므로 비용 인식을 중단하고, 이미 인식된 부분은 환입해야 할 수 있습니다. 계약변경 시에는 변동보상으로 간주해서 매기 재평가가 필요한 경우도 있고요."

나동제 수석 : "그렇다면 '평가'는 왜 보조 주장인가요? 공정가치 자체가 중요하잖아요."

공영칠 회계사 : "좋은 질문입니다. 공정가치 산정은 분명 중요하지만, 그 자체는 보상비용의 '측정'을 위한 전제 잖아요? 예를 들어 블랙 숄즈(BlackScholes) 모형을 쓰든, 이항(Binomial) 모형을 쓰든, 궁극적인 회계적 이슈는 그것을 어떤 방식으로 기간에 배분하고 재무제표에 반영했는가 입니다. 그래서 '평가'는 핵심이 아닌 보조적 경영자 주장으로 구분했습니다. 물론 안챙겨도 된다는 말은 아니구요."

나동제 수석 : "'완전성'과 '발생사실'도 체크해야겠네요. 특히 부여된 옵션이 누락되면 큰일 나니까요."

공영칠 회계사 : "맞습니다. 부여계약서, 이사회 결의일, 대상자 명단 등을 빠짐없이 확인해야 합니다. 그리고 '발생사실'은 보고기간 내에 스톡옵션이 실제로 부여되었고, 그에 따른 근로가 제공되었는지 여부를 보는 겁니다. 허위 부여, 선계상 방지를 위한 통제 항목입니다."

나동제 수석 : "'권리와 의무'는 계약내용을 잘 보면 되겠군요?"

공영칠 회계사 : "네. 회사의 지급의무와 임직원의 행사권리가 계약서에 명확히 규정되어야 합니다. 예외조항이나 무효화조건 등도 점검 대상입니다."

나동제 수석 : "마지막으로 '실재성'은 미적용이죠?"

공영칠 회계사 : "예. 주식 보상비용은 자산이나 실물 개념이 아닌 손익 항목이므로, 실재성보다는 발생사실과 측정을 핵심으로 봤습니다."

경영자 주장	핵심/보조/미적용	구체적 적용 근거
① 실재성	미적용	실재성은 보통 자산계정과 관련되며, 주식 보상비용은 손익계정이므로 '보고기간 중 실제 발생 여부'가 핵심이므로, 일반적으로 발생사실과 밀접하게 연관됨.
② 완전성	보조	부여된 모든 주식 기준 보상거래가 재무제표에 누락 없이 반영되었는지 여부 → 지연보고, 부여 누락, 비기록 옵션 등 발생 가능
③ 권리와 의무	보조	주식 보상은 계약상 권리·의무 성격이 강하므로, 계약 당사자(회사)의 지급의무, 임직원의 행사 권리가 명확히 설정되어 있는지 검토 필요 → 무효화, 계약변경 등 검토 포함
④ 평가	보조	부여일 시점의 공정가치 평가가 적정하게 수행되었는지 여부 → Black-Scholes, Binomial 등 평가모형의 파라미터 적정성 검토. 변동보상인 경우 매기 재평가도 필요
⑤ 표시와 공시	보조	IFRS 2에 따라 공정가치 산정 방식, 행사조건, 대상자, 계약조건 등에 대한 상세 공시가 요구됨. → 공시 누락 또는 불명확한 기술 시 이해관계자 오해 초래 가능
⑥ 발생사실	보조	보고기간 중 실제로 보상이 부여되었고, 관련 용역(근로 등)이 제공되었는지 여부 → 선계상 또는 허위 인식 방지를 위한 근로제공 실적 검토 필요
⑦ 측정	핵심	주식 기준 보상비용의 공정가치를 가득기간에 걸쳐 적절히 배분해서 인식했는지 여부. 특히, 가득조건(재직 요건 등)의 충족 여부, 계약변경 또는 중도 퇴직에 따른 인식 조정, 변동보상의 재평가 반영 여부 등이 정확히 반영되었는지 검토 필요

11. 법인세비용 / 이연법인세자산

공영칠 회계사 : "자, 이번엔 법인세비용과 이연법인세자산입니다. 액수도 크고, 복잡성도 꽤 높습니다."

나동제 수석 : "네. 특히 이연법인세자산 쪽은 세무조정 결과에 따라 인식 여부가 갈리다 보니 부담이 큽니다."

공영칠 회계사 : "맞습니다. 그래서 이 계정의 핵심 경영자 주장은 '측정'입니다. 세무조정, 일시적 차이, 공제효과 등이 정확하게 계산되고, 적절한 회계기간에 반영되었는지가 핵심이죠."

나동제 수석 : "예를 들어 결손금 이월공제나, 세액공제 항목들이 제대로 인식되고 있는지 여부도 포함되는 건가요?"

공영칠 회계사 : "그렇습니다. 한편 이연법인세자산은 실현 가능성이 판단 기준입니다. 단순히 장부상 일시적 차이가 있다고 해서 자산으로 인식하면 안 되고, 향후 과세소득이 충분히 발생할 것이라는 합리적 근거가 있어야 합니다."

나동제 수석 : "그럼 그 '실현 가능성' 평가는 '평가' 주장에 들어가는 건가요?"

공영칠 회계사 : "예. 평가 주장 안에 포함된다고 볼 수 있습니다. 대표적으로 미래 사업계획, 수익 전망, 과거 손익 추이 등을 기반으로 합리적 근거를 제시하고, 이를 내부 절차로 문서화할 수 있어야 합니다."

나동제 수석 : "'완전성'은 모든 일시적 차이와 세무조정 항목이 빠짐없이 반영되었는지를 보는 거죠?"

공영칠 회계사 : "맞습니다. 예컨대 이월결손금, 세액공제 이월분, 감가상각 조정, 충당금 한도초과 등 빠뜨릴 수 있는 조정 항목이 꽤 많습니다. 법인세법 규정과 회계 기준 간 차이를 분명히 구분해서 전부 반영해

야 하죠."

나동제 수석 : "공시도 보조적인 경영자 주장으로 보셨네요."

공영칠 회계사 : "예. 법인세 관련 주석은 꽤 구체적인 정보를 요구합니다. 당기법인세와 이연법인세를 나누고, 세부 조정 항목, 세율 적용 근거, 이연법인세자산의 회수 가능성 등까지 설명해야 하니 누락되면 중요한 공시 위반이 될 수 있습니다. 핵심적 경영자 주장으로 구분하진 않았지만, 공시 주장도 꼼꼼하게 챙겨야 할 부분입니다."

나동제 수석 : "'실재성'은 왜 미적용인가요? 실제로 세금을 내기는 하잖아요."

공영칠 회계사 : "납부세액은 실제 있지만, 재무제표상 법인세비용은 회계상의 계산값입니다. 이연법인세자산도 마찬가지로 물리적 실체가 아닌 미래의 세금절감 가능성이죠. 그래서 실재성 주장을 미적용으로 봤습니다."

나동제 수석 : "'권리와 의무'도 적용하지 않는 이유는?"

공영칠 회계사 : "법인세는 국가가 부과하는 의무이므로 계약 기반의 권리·의무 판단과는 결이 다릅니다."

나동제 수석 : "정리해보면, 실재성·권리의무·발생사실은 적용 제외, 측정과 평가는 핵심, 나머지는 보조로…."

공영칠 회계사 : "네, 그렇습니다."

경영자 주장	핵심/보조/미적용	구체적 적용 근거
① 실재성	미적용	법인세비용은 현금지급의무(납부세액)이 아닌 회계상 산출된 추정값으로, 실재성이란 물리적 존재보다는 계산된 수치임. 이연법인자산도 확정적 실재보다는 미래 실현 가능성 기반 추정이므로 실재성보다는 측정 및 평가 주장이 중심
② 완전성	보조	모든 일시적 차이와 세무조정이 빠짐없이 반영되었는지 여부 (예 : 세액공제, 이월결손금 등) → 미인식 세무조정 항목, 공제 누락 등으로 계상오류 위험 존재
③ 권리와 의무	미적용	법인세부채는 국가에 대한 무조건적 납부의무로서 의무 주장은 별도 검토 필요 없음.
④ 평가	핵심	이연법인세 자산의 경우 향후 충분한 과세소득 발생 가능성에 기초해서 자산성을 평가하고 인식함.
⑤ 표시와 공시	보조	당기법인세 vs 이연법인세, 자산/부채 구분, 공제 만료일, 세율 정보 등 IFRS 공시요구사항 충족 여부 검토 필요. 세부 정보 누락 시 투자자 오해 초래 가능
⑥ 발생사실	미적용	법인세는 거래나 이벤트 발생에 따른 의무가 아니라 회계상 산출값. 특정 거래가 '발생했는가'를 판단하는 '발생사실' 주장과는 관련성 낮음.
⑦ 측정	핵심	세무조정, 일시적 차이, 공제효과 등 모든 요소가 정확한 기간에 귀속되고, 세액이 합리적으로 계산되었는지 여부. 이연법인세자산의 실현 가능성 판단 포함

12. [주석 항목] 특수관계자 거래

공영칠 회계사 : "나 수석님, 이번에는 주석 항목 중에서도 가장 민감한 특수관계자 거래입니다."

나동제 수석 : "맞습니다. 금액뿐 아니라 관계와 조건이 중요한 항목이라, 누락되거나 왜곡되면 신뢰에 큰 타격을 줄 수 있죠."

공영칠 회계사 : "그래서 이 항목의 핵심 경영자 주장은 2가지, '완전성'과 '표시와 공시'입니다. 우선 '완전성'은 누락 없이 모든 특수관계자와의 거래가 공시되었는지 여부입니다. 누락되면 감춰진 내부거래나 부당한 이익 이전으로 의심받을 수 있어요."

나동제 수석 : "사외이사 가족회사와의 계약이라든지, 대표이사와 관계가 있는 업체와의 거래는 주석에 안 나오면 바로 부정 리스크로 연결되겠군요."

공영칠 회계사 : "맞습니다. 거래 여부뿐 아니라, 거래 상대방이 특수관계자인지 식별하는 것 자체가 통제의 시작입니다. 그룹 내 다른 법인, 경영진의 친인척, 공동투자법인 등이 포함될 수 있어요."

나동제 수석 : "식별을 놓치면 아무리 회계처리가 정확해도 의미가 없네요."

공영칠 회계사 : "그 다음으로 중요한 게 '표시와 공시'입니다. 회계기준에서는 거래 내역, 당사자, 거래조건, 금액 등을 구체적으로 공시하라고 요구하고 있죠."

나동제 수석 : "공시할 내용도 많더라구요."

공영칠 회계사 : "그 외 보조 주장들도 통제설계에서 고려해야 합니다. 평가와 관련해서, 거래조건이 시가 기준에 부합하는지, 저가매각이나 고가매입 등 부당한 조건은 아니었는지 검토해야 하고, 발생사실 주장과 관련해선 보고기간 중 실제 거래가 있었는지, 회계상 계상 시점과 주석 기재 시점이 일치하는지 확인해야 하죠. 그리고, 거래 금액이 정확하게 인식되고, 발생주의 기준에 따라 귀속되었는지 측정도 챙겨야 하고요."

나동제 수석 : "그렇겠네요."

공영칠 회계사 : "한편, 특수관계자 거래 공시는 자산·부채 계정이 아니기 때문에, 실재성은 미적용으로 판단했습니다. 실체보다는 공시가 주목적이니까요."

나동제 수석 : "'권리와 의무'도 마찬가지인가요?"

공영칠 회계사 : "네. 개별 계정에서의 법적 귀속 문제는 해당 계정에서 다루고, 특수관계자 주석에서는 공정성과 투명성에 초점을 맞추기 때문에 직접 적용하지 않는 것으로 판단했습니다."

경영자 주장	핵심/보조/미적용	구체적 적용 근거
① 실재성	미적용	실재성은 개별 자산·부채 계정에서 평가하는 것이며, 특수관계자 거래 주석은 실체(자산 등)의 존재 여부보다는 공시의 정확성이 핵심
② 완전성	핵심	회사와 관련된 모든 특수관계자 및 해당 거래가 주석에 누락 없이 포함되었는지 여부 → 특수관계자 식별 누락, 계열사 거래 누락 등 공시 불완전 가능성 존재
③ 권리와 의무	미적용	공시 목적은 관련성을 밝히는 것이며, 개별 거래의 법적 귀속은 계정별 주장(예 : 채권·채무의 권리의무)에서 판단. 주석 공시 자체에는 적용 어려움.
④ 평가	보조	거래 금액이 시장조건에 근거한 정상가격인지, 또는 시가 대비 왜곡된 조건으로 평가되었는지 여부 → 저가매각, 고가매입, 무상거래 등 부당거래 위험 존재
⑤ 표시와 공시	핵심	IFRS 기준에 따라 거래 내역, 당사자, 조건, 계약내용, 미수금/미지급금 등을 모두 명시했는지 여부 → 거래 시점의 명시, 정산 방식 등 상세 공시 필요
⑥ 발생사실	보조	해당 보고기간 중에 실제로 거래가 발생했는지, 회계처리된 시점과 공시된 시점이 일치하는지 여부 → 소급기재, 허위인식 등 부정위험 대응
⑦ 측정	보조	거래 금액이 발생주의 기준에 따라 적절히 인식되고, 정산 방식이나 잔액 정보가 정확히 반영되었는지 여부. 보고 기준일 현재 미수금/미지급금의 정확한 반영 포함

13. [주석 항목] 우발채무 및 부외부채

공영칠 회계사 : "마지막으로 우발채무 및 부외부채에 대한 공시사항입니다. 계정으로 인식되지는 않았지만, 투자자에게 잠재적 위험을 투명하게 공개해야 하는 영역이죠."

나동제 수석 : "네. 저희도 소송이나 지급보증처럼 실제 자금 유출 가능성이 있는 계약들은 자주 검토하고 있습니다."

공영칠 회계사 : "맞습니다. 이 항목은 '계상되지 않았지만 보고는 해야 하는' 회색지대이기 때문에, 공시의 완전성과 충실도가 특히 중요합니다."

나동제 수석 : "완전성."

공영칠 회계사 : "네, '완전성'은 가장 중요한 경영자 주장입니다. 회사가 부담하고 있는 모든 우발채무와 지급보증, 약정 등이 누락 없이 공시되었는지 여부를 다룹니다."

나동제 수석 : "만약에 구두로 체결된 보증 약정이 있었는데 그게 누락됐다면, 공시 위반이겠죠?"

공영칠 회계사 : "그렇습니다. 특히 소송 중인 건, 관계사 보증, 차입계약상 부대약정, 심지어 공동개발계약상의 책임 분담 등도 공시에 포함되어야 합니다. 보고 누락은 내부통제 미비이자, 투자자 오도에 해당합니다."

나동제 수석 : "담당 부서에서 누락되지 않도록 법무, 재무, 계약관리 등과의 연동 통제가 필요하겠네요."

공영칠 회계사 : "두 번째 핵심 주장은 '표시와 공시'입니다. 회계 기준과 외감법에서는 사건 개요, 관련 당사자, 책임 범위, 조건, 발생 가능성, 만기 등을 명확히 기재해야 한다고 요구합니다."

나동제 수석 : "형식적으로는 공시했더라도, 예를 들어 '관계사 지급보

증 있음'만 적혀 있고 금액이나 조건이 빠졌다면 안 되는 거군요."

공영칠 회계사 : "맞습니다. 금액보다는 사건의 본질과 조건을 얼마나 구체적이고 명확하게 설명했는지가 관건입니다(예 : 소송 중이며 승소 가능성이 낮음. 패소 시 약 3억 원 손실 발생 가능 등). 한편, '발생사실'도 보조 주장으로 고려해야 합니다. 보고기간 중에 해당 사건이 실제로 발생했는가, 계약이 체결되었는가를 확인하는 거죠."

나동제 수석 : "예를 들어 소송이 제기됐지만 아직 내부에 공유되지 않았다면, 회계부서 입장에선 누락되는 리스크가 있겠네요."

공영칠 회계사 : "네. 그래서 법무 파트(총무팀)와의 정기 커뮤니케이션 또는 우발채무 등록 시스템 같은 통제가 필요합니다."

나동제 수석 : "기타의 주장들은 미적용으로 구분하셨네요."

공영칠 회계사 : "네, 실재성과 관련해선 우발채무는 아직 계상되지 않은 미래조건부 의무로, 자산·부채처럼 실재성 판단이 어렵다고 봤습니다. 법적 책임 여부는 향후 조건 성취 시 판단되므로, 공시 시점에서의 권리·의무 판단은 제한적입니다. 또, 금액을 공시하더라도 이는 계정 계상의 전제가 되지 않으므로, 정량적 평가의 핵심성은 낮습니다. 그리고 계정이 아니므로 회계상 귀속이나 측정이 본질적이지 않으며, 충당부채로 전환될 때 고려된다고 봐야겠죠."

경영자 주장	핵심/보조/미적용	구체적 적용 근거
① 실재성	미적용	계상된 자산·부채가 아닌 주석 항목이며, 미래조건부 발생 항목이므로 실재성 적용 부적절
② 완전성	핵심	보고기간 말 기준으로 모든 우발채무·보증·약정이 누락 없이 공시되었는지 여부 → 구두 약정, 소송 누락, 지급보증 누락 등 심각한 공시 위반 리스크 존재
③ 권리와 의무	미적용	아직 현실화되지 않은 미래조건부의무이며, 법적 귀속보다는 공시 여부가 중심이므로 직접적인 적용은 부적절
④ 평가	미적용	금액은 참고용으로 공시되며, 회계 계상 대상이 아니므로 평가 주장은 직접 적용되지 않음(충당부채 전환 시 별도 적용됨).
⑤ 표시와 공시	핵심	공시 형식, 항목의 정확성, 이해 가능성, 조건 기술 등이 회계기준·외감법 기준에 부합하는지 여부 → 금액보다 조건, 주체, 만기, 발생 가능성이 명확히 기술되었는지 여부 중심
⑥ 발생사실	보조	보고기간 중 우발상황이 발생했거나 계약이 체결되었는지 여부(예 : 소송이 실제로 제기되었는가? 지급보증이 실제 체결되었는가?)
⑦ 측정	미적용	회계상 인식되지 않으며, 정량적 측정 대상이 아님 → 단, 충당부채로 전환될 경우 측정 주장 적용되나, 주석 자체에서는 적용배제

공영칠 회계사 : "이렇게 계정별로 주장 맵핑을 명확히 해야 통제의 목표가 정해지고, 그에 맞는 설계와 테스트도 가능해지는 겁니다."

나동제 수석 : "수고하셨습니다. 재무제표상 숫자들의 의미가 이전과는 다르게 다가오네요."

유의한 업무 프로세스 파악 :
"통제는 흐름 속에서 시작된다"

공영칠 회계사 : "경영자 주장을 파악했으니, 이들에 영향을 미치는 주요 거래 유형별 유의한 업무 프로세스를 파악해야 합니다. 신뢰할 수 있는 재무제표의 작성 및 공시를 위해서는 재무제표 작성 및 보고 절차뿐만 아니라 장부상에 기록된 개별 거래들이 발생, 승인, 기록 및 처리되는 전체 과정이 모두 중요합니다. 따라서, 회계나 재무부서뿐만 아니라 회계처리의 기초가 되는 정보와 관련된 회사 전체의 유의한 업무 프로세스를 고려해야 하죠."

나동제 수석 : "유의한 업무 프로세스 파악이라…."

공영칠 회계사 : "네, 통제는 '흐름' 속에서 시작해야 합니다. 단편적인 숫자나 개별 계정이 아니라, 그 숫자가 재무제표에 도달하기까지의 흐름, 즉 업무 프로세스를 먼저 이해하고 파악하는 게 핵심이죠."

개념 정리부터…

공영칠 회계사 : "업무 프로세스란 회계처리가 발생하기까지의 일련의 흐름을 말합니다. 예를 들어 수익이란 숫자 하나도 '계약 – 이행 – 진척률 산정 – 매출 인식'이라는 흐름 속에서 만들어지죠. 내부회계관리제도는 그 흐름 속의 오류 가능성, 누락 가능성, 조작 가능성을 통제하는

겁니다."

나동제 수석 : "그렇다면 유의한 업무 프로세스는 회사의 전체 프로세스 중에서 유의한 계정과 연결된 것만 골라내는 건가요?"

공영칠 회계사 : "맞습니다. 우리가 앞서 정리한 유의한 계정 있죠? 예를 들어 매출채권, 무형자산, 외주비, 현금, 주식 보상비용, 이연법인세…. 이런 항목들에 직간접적 영향을 주는 프로세스를 하나하나 확인하고, 그것이 재무보고 왜곡 위험이 낮지 않다고 판단되면 '유의한 업무 프로세스'로 분류합니다. 그리고 당연하지만 기말결산 프로세스는 항상 스코핑 대상입니다."

아이넥사의 유의한 업무 프로세스

공영칠 회계사 : "아이넥사는 플랫폼 구축계약이 많고, 진척률 기준 수익인식을 하시잖아요. 그러면 수익인식 프로세스는 반드시 유의한 업무 프로세스입니다."

나동제 수석 : "그렇죠. 진척률 산정, 계약 검토, 매출 시점 판단까지 사람 손을 여러 번 타니까…."

공영칠 회계사 : "맞습니다. 회사의 전체 업무는 보통 사이클(Cycle) → 프로세스(Process) → 하위 프로세스(Sub-process/Activity) 구조 또는 프로세스와 하위프로세스 구조로 분해할 수 있을 텐데요. 아이넥사의 프로세스를 정리하면 이렇습니다."

Cycle	Process	Sub-process/Activity	관련 계정과목
I. 수익 및 채권	1. 계약 검토 및 수주관리	· 견적 및 제안서 검토 · 계약체결 및 승인	영업수익, 매출채권
	2. 프로젝트 수행 및 수익 인식	· 용역 제공 및 진행률 산정 · 검수 및 매출 인식	영업수익, 매출채권
	3. 청구 및 수금관리	· 세금계산서 발행 · 매출채권 회수 및 연체채권관리 · 대손충당금 설정 및 환입	매출채권, 현금 및 현금성자산
II. 구매 및 지출	4. 외주용역 구매 및 계약	· 업체 선정 및 등록 · 견적, 계약체결, 발주 승인	외주용역비
	5. 외주용역 검수 및 채무 인식	· 용역 결과물 검수 · 세금계산서 접수 및 매입채무(미지급비용) 인식	외주용역비
	6. 지급 처리 및 실행	· 지급결의서 작성 및 승인 · 자금 이체 실행 및 통장 내역 확인	현금 및 현금성자산
III. 인사 및 급여	7. 급여 및 복리후생비 산정	· 근태기록관리 · 급여 및 제수당 계산 · 퇴직급여 추계	급여, 복리후생비
	8. 급여 지급 및 원천세 신고	· 급여 이체 실행 · 4대보험 및 소득세 원천징수/신고/납부	현금 및 현금성자산
	9. 주식 기준 보상 운영	· 부여 계획 승인(이사회) · 공정가치 평가 · 보상원가 산정 및 배분	주식 기준 보상비용
IV. 자산관리	10. 연구개발 및 무형자산관리	· 연구/개발 단계 구분 및 자산화 요건 검토 · 개발비 자산화 및 상각 · 손상 징후 검토 및 손상검사	무형자산
	11. 금융자산 관리	· 금융상품 취득/처분 승인 · 공정가치 평가 · 손상(기대신용손실) 평가	금융자산

IV. 자산관리	12. 리스자산 및 부채관리	· 리스계약 식별 및 검토 · 사용권자산/리스부채 최초 측정 · 후속 측정(상각, 이자비용 인식)	리스자산, 리스부채
V. 자금	13. 자금 운용 및 조달	· 자금계획 수립 및 입출금관리 · 은행 계좌관리 및 정기 대사	현금 및 현금성자산
	14. 법인카드관리	· 카드 발급/해지 및 한도관리 · 증빙관리 및 정산	(관련 비용 계정)
VI. 재무보고 및 결산	15. 전표 생성 및 일반장부 마감	· 일반 전표 생성 및 승인 · 총계정원장관리 및 시산표 생성	모든 계정
	16. 결산 조정 및 재무제표 작성	· 수익/비용기간 배분(발생주의) · 충당부채 및 우발부채 평가/인식	충당부채, 우발채무
	17. 세무회계 및 법인세 산정	· 세무조정계산서 작성 · 법인세비용 산정 · 이연법인세자산/부채 평가	법인세비용, 이연법인세자산
	18. 공시 및 외부 보고	· 재무제표 및 주석 작성 (특수관계자 거래 포함) · 공시자료 작성 및 승인	특수관계자 거래, 우발채무

공영칠 회계사 : "여기에 계정과목을 기준으로 관련 업무 프로세스를 정리해볼까요? 이렇게 연결하는 것은 하향식 접근법(Top-down Approach)에 따른 위험 식별에 매우 효과적인 방법입니다."

유의적 계정과목	관련 업무 프로세스	프로세스 요약
현금 및 현금성자산	3. 청구 및 수금관리 6. 지급 처리 및 실행 8. 급여 지급 및 신고 13. 자금 운용 및 조달	매출채권 회수, 외주대금 지급, 급여 지급 등 다양한 프로세스의 결과로 변동되며, 자금 프로세스를 통해 통제/관리
매출채권	2. 프로젝트 수행 및 수익 인식 3. 청구 및 수금 관리	수익 인식 시점에 발생하며, 청구/수금 관리 프로세스를 통해 회수 및 대손이 관리됨.

유의적 계정과목	관련 업무 프로세스	프로세스 요약
금융자산	11. 금융자산 관리	금융상품의 취득/처분 및 공정가치 평가, 손상평가 등을 통해 관리
무형자산	10. 연구개발 및 무형자산 관리	내부 창출 개발비의 자산화 요건 검토 및 손상평가 등을 통해 계정 금액 결정
리스자산/ 리스부채	12. 리스자산 및 부채관리	리스계약을 식별하고, 관련 자산과 부채를 최초 및 후속 측정하는 과정에서 관리
충당부채	16. 결산 조정 및 재무제표 작성	결산 시점에 미래 발생 가능성이 높은 의무를 추정해서 부채로 인식
영업수익	1. 계약 검토 및 수주관리 2. 프로젝트 수행 및 수익 인식	계약조건에 따라 용역을 제공하고, 진행률 등을 기준으로 수익을 인식하는 과정에서 발생 및 측정
외주용역비	4. 외주용역 구매 및 계약 5. 외주용역 검수 및 채무 인식	외주계약에 따라 용역을 제공받고, 검수 완료 시점에 비용으로 인식
급여, 복리후생비	7. 급여 및 복리후생비 산정	임직원의 근태 및 급여 규정에 따라 비용 산정 및 발생
주식 기준 보상비용	9. 주식 기준 보상 운영	부여된 주식 선택권의 공정가치를 평가하고, 가득기간에 걸쳐 비용으로 인식
법인세비용/ 이연법인세자산	17. 세무회계 및 법인세 산정	결산 및 세무조정을 통해 법인세 부담액을 산정하고 이연법인세 효과를 평가
기타비용계정 (법인카드)	14. 법인카드관리	법인카드의 사용, 증빙관리 및 정산을 통해 복리후생비, 여비교통비, 소모품비 등 관련 비용의 적정성을 통제
특수관계자 거래	18. 공시 및 외부 보고	각 현업 프로세스에서 발생한 거래 중 특수관계자 거래를 식별하고, 결산 시 완전성 및 공시의 적정성을 검토
우발채무, 부외부채	16. 결산 조정 및 재무제표 작성 18. 공시 및 외부 보고	결산 과정에서 잠재적 의무를 식별/평가하고, 재무제표 주석 공시 여부를 결정

문서화는 여기서부터 시작

공영칠 회계사 : "이제부터는 이 유의한 업무 프로세스를 기준으로, 통제 목표(경영자 주장 달성)를 설정하고, 어떤 리스크가 있고, 그걸 막기 위한 통제가 무엇인지를 설계하는 겁니다. 이게 바로 통제기술서(RCM) 설계죠."

나동제 수석 : "그러니까 계정에서 출발해 경영자 주장으로 내려오고, 경영자 주장에서 프로세스로 연결된다는 것이군요."

공영칠 회계사 : "정확히 이해하셨습니다. 통제 하나하나가 '흐름 안에' 있어야 하는 이유가 바로 이겁니다."

4장

통제를
(재)설계하라

"통제설계는
어디서부터 시작하나요?"

아이넥사 회의실

나동제 수석 : "회계사님, 이제 본격적으로 통제 설계를 해야 하는데요…. 어디서부터 손대야 할지 막막합니다. 계정별로 통제를 쭉 만들면 되는 건가요?"

공영칠 회계사 : "그렇게 접근하시면 안 됩니다. 나 수석님. 통제 설계는 단순히 계정별 체크리스트가 아니고, '위에서부터 아래로' 내려가는 체계적인 구조를 가져야 합니다."

나동제 수석 : "위에서부터요?"

공영칠 회계사 : "네. 제 경험으로는 전사수준통제 → IT 일반통제(ITGC) → 업무수준통제(PLC) 이 순서가 가장 바람직합니다. 시행착오를 최소화하는 데 효과적이더라구요."

공영칠 회계사 : "먼저 전사수준통제입니다. 아이넥사는 내부회계관리규정이 있고 CFO가 책임자이지만, 감사 기능이 약하고, 직무분장이 문서화되지 않았죠? 이게 먼저 해결되어야 합니다. 또, 내부회계관리규정 등도 최근 개정된 법규의 내용이 제대로 반영되었는지 확인해야 하구요."

나동제 수석 : "고위험 통제가 아니라도 그게 기반이 되어야 하는 거군요."

공영칠 회계사 : "맞습니다. Tone at the Top이 없으면 아무리 정교한 거래통제도 작동 안 합니다. 권한구조, 승인체계, 윤리강령, 내부고발제도까지 포함해서 전사통제를 먼저 정비해야죠."

공영칠 회계사 : "그 다음은 ITGC입니다. 아이넥사는 더존ERP를 쓰고 있죠?"

나동제 수석 : "예. 표준 소프트웨어라 제한이 있긴 한데, 사용자 권한, 백업, 변경관리는 설정할 수 있습니다."

공영칠 회계사 : "그럼 퇴사자 접근권한 회수, 시스템 변경 이력 관리, 전자승인 로그 보관 같은 기본 기능은 작동하게 만들어야 해요. 이게 없으면 매출전표 승인 통제가 있어도 그냥 수정해버릴 수 있습니다."

공영칠 회계사 : "그런 다음이 업무수준통제입니다. 이건 계정·프로세스·경영자 주장에 따라 설계하는 통제죠. 예를 들면, 다음과 같습니다.

- **매출** : 인도 기준(진행률 기준) 매출 인식 + 전표 입력자·승인자 분리
- **자금** : ERP Vendor Master 기반 이체 제한 + OTP 2인 승인
- **급여** : 인사팀과 재무팀의 이중 검토 체계"

나동제 수석 : "이걸 먼저 하려다 막혔던 것 같네요. 시스템은 한계가 있고, 사람은 제멋대로 움직이고…."

공영칠 회계사 : "그렇죠. 통제는 문서가 아니라 작동 가능한 구조를 먼저 만들고, 그 위에 얹는 겁니다."

나동제 수석 : "그러면 전사통제부터 다시 손보고, ITGC 정비한 뒤에 업무통제 RCM을 설계하는 걸로 로드맵을 짜겠습니다."

공영칠 회계사 : "좋습니다. 그게 아이넥사 ICFR 설계, 아니 재설계 내지 업데이트의 첫 단추입니다."

통제설계의 단계 및 역할 정리

단계	설명	역할	비고
① 전사수준통제 (간접/직접)	조직 전체의 통제 환경, Tone at the Top, 권한구조 등을 수립	업무수준통제의 '기반 토대'	아무리 좋은 거래통제가 있어도 R&R이 불분명하면 실행이 안 됨.
② IT 일반통제 (ITGC)	ERP·회계시스템 등 정보시스템의 신뢰성 확보(접근권한, 변경관리 등)	업무 통제가 작동 가능한 시스템 인프라 마련	업무수준통제가 시스템상 무력화됨(예 : 비인가 접근으로 전표수정).
③ 업무수준통제	계정별 또는 프로세스별 중요왜곡표시위험(RMM) 대응 통제 설계 및 문서화(RCM)	재무보고 왜곡 위험에 직접 대응하는 실질 통제	전사+IT통제가 없으면 실효성 없는 문서상의 통제에 불과

전사수준통제부터
바로잡읍시다

나동제 수석 : "회계사님, 이제 전사수준통제를 설계하라고 하셨는데요. 이게 업무통제와 뭐가 다른 건가요? 저희 매출이나 자금처럼 구체적인 프로세스에 바로 적용되는 게 아니라서 조금 막연하게 느껴지는데요."

공영칠 회계사 : "좋은 질문입니다. 나 수석님, 전사수준통제는 조직 전체의 통제 기반이라고 보시면 됩니다. 직접적인 거래에 영향을 주지는 않지만, 모든 업무수준통제가 작동할 수 있는 '환경'을 만들어주는 거죠."

나동제 수석 : "환경이라고 하면… 문화 같은 건가요?"

공영칠 회계사 : "맞습니다. 예컨대, 회사에 윤리강령이 없거나, 권한과 책임이 불분명한 조직이라면 아무리 매출전표 통제를 잘 설계해도 실행이 안 됩니다. 전사수준통제는 그렇게 간접적으로 작동하는 통제이고요. 경우에 따라서는 직접적인 영향도 미칠 수 있습니다."

공영칠 회계사가 화이트보드에 전사수준통제에 대한 내용을 요약하며 이야기한다.

공영칠 회계사 : "크게 보면 이렇게 나눌 수 있어요."

전사수준통제의 개념과 구분

구분	설명	예시
간접 전사수준통제	조직문화와 책임구조 전반에 영향을 주며, 다른 통제의 기반이 됨.	- 윤리강령 및 행동수칙 - 권한 및 책임 정의(R&R) - 내부통제 담당자 지정 - 통제 환경 모니터링(예 : 감사(위원회) 구성, R&R)
직접 전사수준통제	거래 통제와 유사하나, 재무보고 전반에 직접적 영향을 미침.	- 재무보고 마감체계 - 재무정보에 대한 경영진 검토 - 감사(위원회)의 주기적 내부통제 운영 검토

나동제 수석 : "그럼 우리회사에는 어떤 전사통제를 설계해야 할까요?"

공영칠 회계사가 노트북의 화면을 공유한다.

공영칠 회계사 : "제가 생각하는 아이넥사의 전사수준통제 설계의 기본 방향은 이렇습니다. 원칙에 충실하되, IT시스템 등 중소기업으로서의 한계상황도 고려해야겠죠."

[아이넥사의 전사수준통제 설계의 방향성]

- 기반 구축 우선 : 통제환경과 R&R 명확화가 선행되어야 이후 업무수준통제가 작동 가능
- 실질적 IT 통제와 연결 : 표준화된 상용ERP의 기능 한계를 감안한 현실적 ITGC 연계
- 운영과 모니터링 통합 설계 : 월간 실행 확인, 분기별 자체 점검, 연간 운영평가로 연계
- 전사문화와 연동 : 윤리강령, 책임연동 KPI 등으로 통제문화 확산

공영칠 회계사 : "하여튼, COSO 내부통제 5요소, 17개 원칙을 기준으로 해서 정리하는 것이 좋을 것 같습니다. 하나씩 살펴볼까요?"

1. 통제환경(Control Environment) – 조직의 뼈대

원칙	내용	설계 방안
원칙 1	윤리 및 청렴성	윤리강령 제정 및 연 1회 e-learning 필수 교육
원칙 2	감독 책임	외부 이사 포함 감사위원회 정례화
원칙 3	조직구조	전사 조직도 및 R&R 수립, 연간 검토
원칙 4	역량	직무기술서를 근거로 한 내부회계관리담당자의 직무 정의 및 직무 교육
원칙 5	책임의식	부서장 KPI에 통제 관련 항목 포함

공영칠 회계사 : "이 5가지는 아이넥사의 '통제 체질'을 만드는 기본입니다. 여기서 무너지면 아무 통제도 작동하지 않아요."

2. 위험평가(Risk Assessment) – 위험을 식별하는 눈

원칙	내용	설계 방안
원칙 6	목표 명확화	재무보고 신뢰성 확보를 내부통제 목표로 명시
원칙 7	위험 식별	계정별 주요왜곡표시위험(RMM) 목록화 및 매년 갱신
원칙 8	부정위험 고려	자금 부정통제 설계 + 이상거래 모니터링 체계
원칙 9	변경사항 대응	시스템 도입, 조직개편 시 내부회계관리제도(ICFR) 영향 평가 실시

나동제 수석 : "회계사님, 이건 기존에 우리가 하던 위험 진단하고 연결 되네요?"

공영칠 회계사 : "그렇습니다. 다만 부정위험은 반드시 별도로 고려해야 해요. 요즘은 금감원도 자금 부정통제 공개를 요구하고 있으니까요."

3. 통제활동(Control Activities) – 실제 작동하는 절차

원칙	내용	설계 방안
원칙 10	정책 및 절차 수립	내부회계관리규정 공표 및 연간 개정 검토
원칙 11	IT 기반 통제	ERP 사용자 권한분리, 이력기록, 전표 승인체계
원칙 12	정책 실행 모니터링	핵심통제 목록관리 및 운영기록 확보

공영칠 회계사 : "원칙 10에서 12까지는 업무수준통제활동으로 대부분 구현되겠지만, 정책과 절차, 실행에 대한 모니터링 부분은 전사수준통제에 해당합니다."

4. 정보와 커뮤니케이션(Information & Communication)

원칙	내용	설계 방안
원칙 13	정보 활용	재무정보와 내부통제정보 연동 시스템 마련
원칙 14	내부 커뮤니케이션	부서별 통제이슈 공유 회의체 운영
원칙 15	외부 커뮤니케이션	감사인, 감사위, 사외이사 보고체계 명문화

공영칠 회계사 : "통제는 정보를 주고받을 수 있어야 합니다. 감추거나 몰랐다는 건 내부회계관리제도에서는 통하지 않죠."

5. 모니터링(Monitoring Activities) – 통제가 작동하는지 점검

원칙	내용	설계 방안
원칙 16	평가	중간·기말 핵심통제 운영평가 및 결과 보고
원칙 17	시정조치	시정조치 등록·모니터링 체계 구축(사유 기록 포함)

나동제 수석 : "와… 이걸 다 하려면 꽤 방대하겠네요."

공영칠 회계사 : "그렇지만 일단 뼈대를 이렇게 잡아두면, 통제기술서(RCM) 문서화나 테스트 절차서 구성도 논리적으로 정리됩니다. 다음은 이 전사수준통제를 ITGC와 업무통제로 연결하면서 ICFR 전체 설계로 확장해보죠."

아이넥사 전사수준통제 RCM(예시)

구분	통제활동명	관련 위험	통제 활동(설계)	통제 빈도	증빙자료
통제환경	윤리강령 운영	부정/비윤리적 행위 발생 가능	윤리강령 제정 및 연 1회 이상 전직원 대상 교육 실시	연 1회	교육이수명단, 공지이메일
통제환경	전결권한 및 직무분장 체계 수립	권한 충돌, 승인 누락	직무분장표 및 전결규정 수립, 연 1회 이상 검토	연 1회	조직도, R&R 문서, 변경로그
위험평가	재무보고 관련 위험 식별 및 문서화	중요 계정의 고유위험 누락	스코핑 문서 작성 및 연 1회 이상 갱신	연 1회	RMM 목록, 의사록
위험평가	부정위험 고려 절차	부정발생 식별 실패	자금 부정통제 설계, 자금계좌 이상거래 모니터링	월 1회	이상거래 보고서

구분	통제활동명	관련 위험	통제 활동(설계)	통제 빈도	증빙자료
통제활동	내부회계관리규정 공표	기준 부재로 인한 통제 누락	규정 제정 및 전사 공지 (신규/개정 시)	수시	게시자료, 사내공지
통제활동	감사(위원회) 정례 운영	내부통제 이슈 미식별	분기 1회 이상 감사위 개최 및 보고서 작성	분기	감사위원회 의사록
정보·커뮤니케이션	내부 통제 이슈 보고 채널 운영	통제 미비점 미공유	각 부서별 통제이슈 공유 회의체 운영	월 1회	의사록, 이슈리스트
모니터링	중간·기말 운영평가 수행	통제 미작동 미식별	핵심통제 중심의 운영평가체계 구축 (계획-평가-시정)	반기	운영평가 보고서
모니터링	시정조치 추적관리	반복되는 미비점 방치	시정조치 DB 운영 및 일정·상태 모니터링	분기	시정조치 이력표

외감법 등의 요구사항과
부정방지 프로그램도 반드시 고려해야…

한편, 부정위험 대응 및 전사수준통제 설계는 단순 실무자 레벨을 넘어 조직 문화와 책임구조에 영향을 주는 사안이라면서, 공영칠 회계사가 아이넥사의 상근감사인 박정도 감사와 재무뿐 아니라 인사 및 총무까지 관할하고 있는 CFO 김윤정 상무와의 회의를 요청했다.

공영칠 회계사 : "오늘 박정도 감사님과 김윤정 상무님을 모신 이유는 아이넥사의 전사수준통제 문서화와 부정방지 프로그램 설계에 대해 이야기를 나누고 싶어서입니다. 이들은 내부회계관리제도 평가 및 보고 가이드라인이나 감독당국에서도 강조하고 있는 사항이기도 합니다."

박정도 감사 : "그동안 통제 프로세스는 주로 회계나 자금 쪽에서만 다뤘는데, 부정이나 윤리 문제까지 공식 통제 안에 넣어야 하나요?"

공영칠 회계사 : "그렇습니다. 외부감사법에서도 내부회계관리규정에 반드시 부정방지 통제를 포함하라고 명시하고 있고요. 특히 중소기업은 사람이 곧 통제입니다."

전사수준통제 내 필수 규정 요소

나동제 수석 : "회계사님, 내부회계관리규정에 뭘 포함해야 한다고 하셨죠?"

공영칠 회계사 : "외부감사법 등에서 요구하는 '내부회계관리규정' 및 '보고절차'로는 다음이 필요합니다."

내부회계관리규정 필수 포함 항목

항목	설명
내부회계관리제도의 목적	재무정보의 신뢰성 확보 등
내부회계관리제도의 구성과 운영방안	설계·운영·평가·보고 등 절차
책임과 권한의 분장	내부회계관리책임자, 담당부서, 감사, 이사회
내부회계관리제도에 대한 평가 및 보고 체계	중간평가, 기말평가, 운영점검, 감사보고
통제의 설계·운영·평가 기준 및 문서화 기준	RCM, 테스트 절차서, 운영평가보고서 등
내부고발 및 조치 절차	내부고발자 보호, 위반행위 대응방안 포함
내부회계관리제도 운영실태의 보고 절차	CEO → 이사회/감사 보고, 외부감사 수검 등

보고절차 관련 사항

구분	보고내용	보고 대상	시점
운영실태보고	내부회계관리제도 운영 결과	이사회/감사(위원회)	연 1회 이상
평가결과보고	중간·기말 평가 결과	CEO → 감사(위원회)	반기별 또는 연 1회
미비점 조치보고	시정조치 계획 및 추적현황	감사(위원회)	분기 또는 수시

(관련 근거 : 「주식회사 등의 외부감사에 관한 법률 시행령」 제13조의2, 「외부감사 및 회계 등에 관한 규정」 제4조의3 등)

김윤정 상무 : "그중 내부고발자 보호, 위반행위 대응이라면 예컨대, CEO가 결재를 압박하는 식의 상황도 포함되나요?"

공영칠 회계사 : "정확히 그런 경우입니다. 회계부서 실무자가 '이건 아닌데…' 하고 생각되는 지시를 받았을 때 대응할 수 있는 내부보고 체계, 감사와의 직접소통 채널, 그리고 보복 금지 규정이 있어야 합니다."

부정방지 프로그램 항목과 통제 설계

박정도 감사 : "그럼 지금 아이넥사에 없는 것 중 꼭 도입해야 할 것은 무엇이라고 보시나요?"

공영칠 회계사 : "5가지 범주를 기준으로 보시면 됩니다."

항목	아이넥사의 현황	개선 방향
1. 감사/이사회 감독	연 1회 보고	분기별 감사 보고 + 부정통제 관련 별도 보고
2. 윤리강령	사규에 포함되나 교육 없음.	연간 교육 의무화 + 위반시 처리 절차 마련
3. 예외처리	경영자 개입 시 대응체계 없음.	재무팀 ↔ 감사 직통 채널 구축 필요
4. 내부고발	공식 제보채널 없음.	사외 변호사 이메일 또는 익명 핫라인
5. 조사·징계	없음.	법무/감사 공동 대응 프로세스 수립 필요

조직문화와 연결되는 통제

김윤정 상무 : "윤리강령은 명시적으로 만들 수 있겠는데, 내부고발은 직원들이 실제로 쓸까요?"

공영칠 회계사 : "핵심은 보복금지입니다. 제보가 있어도 보복 우려로 묻히면 의미가 없습니다. '제보자 보호 정책'이 문서화되어야 하고, 실제

사례가 발생했을 때 처리 프로세스를 체계화해야 합니다."

박정도 감사 : "그 제보내용은 제가 직접 볼 수 있어야 합니다. 그래야 외부감사인에게도 신뢰를 줄 수 있죠."

나동제 수석 : "내부회계관리규정에 이 모든 항목을 반영해서 개정하고, 감사님께도 정기보고드리는 체계로 잡겠습니다."

공영칠 회계사 : "아이넥사의 전사수준통제가 진짜 작동하려면, '윤리'와 '용기'를 문서화하는 겁니다. 사람이 통제의 핵심인 중소기업일수록, 부정방지 통제가 제일 중요한 영역이 될 수 있습니다."

ITGC :
"시스템에도 통제가 필요하다"

아이넥사 본사 회의실

공영칠 회계사 : "전사수준통제 설계는 잘 정리됐고요, 이제 시스템 기반을 다듬어야 할 시점입니다. 오늘은 IT 일반통제, 즉 ITGC(IT General Controls) 설계를 논의하려고 합니다."

나동제 수석 : "전사통제를 아무리 잘해도, ERP나 시스템에서 다 뚫려버리면 말짱 도루묵이죠. 시스템 쪽은 저희 이정보 선임이 도와줄 겁니다."

이정보 선임 : "네, 안녕하세요. 아이넥사에서 ERP관리와 IT 보안 쪽 실무를 맡고 있습니다. 근데 ITGC가 내부회계관리제도에서 어떤 의미인지 솔직히 개념이 좀 모호하긴 하네요."

공영칠 회계사 : "간단히 정리하면 이렇습니다. ITGC는 시스템과 데이터가 신뢰할 수 있도록 보장하는 기반통제입니다. 아이넥사의 경우 자체개발 시스템을 사용하지 않으니까 3가지 축으로 나눌 수 있겠습니다."

ITGC의 정의와 구성

- 접근통제(Access Control) – 누가 들어올 수 있는가
- 변경관리(Change Management) – 시스템을 어떻게 바꿀 수 있는가
- 운영통제(IT Operations) – 백업, 복구, 장애 대응 등 일상 운영을 얼마나 신뢰할 수 있는가

이정보 선임 : "아, 결국 시스템에서 '누가', '뭘', '어떻게' 건드릴 수 있느냐를 통제하는 거군요."

공영칠 회계사 : "맞습니다. 특히 아이넥사처럼 더존 같은 범용 ERP를 사용하는 중소상장기업의 경우, 시스템에 대한 신뢰성 확보가 매우 중요합니다. 시스템이 곧 내부통제의 '수단'이자 '증거'니까요."

접근통제(Access Control)

나동제 수석 : "그럼 접근통제부터 볼까요? 신규입사자 권한 등록이 좀 들쭉날쭉한 편이긴 해요."

이정보 선임 : "ERP 계정은 제가 만들어주고, 부서장에게 말로만 확인받고 있어서… 문서화는 아직 안 되어 있습니다."

공영칠 회계사 : "앞으로는 계정 요청서 양식을 만들어서, 부서장의 서면 승인 → 계정발급 → 로그 저장까지 프로세스를 고정하세요. 퇴사자 계정은 즉시 회수되고 있는지도 확인하시고요."

변경관리(Change Management)

공영칠 회계사 : "ERP의 주요 설정을 변경할 일이 생기면 어떻게 하십니까?"

이정보 선임 : "ERP 공급업체 쪽에 요청해서 처리하긴 하는데, 변경 이력은 별도로 관리하지는 않아요. 그냥 메일로 왔다 갔다 하죠."

공영칠 회계사 : "그건 위험합니다. 예를 들어, 매출 마감일 설정을 누가 바꾸면 수익 인식도 달라질 수 있어요. 변경 요청서, 승인 기록, 테스트 후 반영 스크린샷을 모두 보관해야 합니다. 단순해보여도 이게 다 통제입니다."

나동제 수석 : "메일로 된 것도 좋으니 전자폴더에 다 모아두죠. 형식은 제가 만들겠습니다."

운영통제(IT Operations)

공영칠 회계사 : "마지막은 운영통제입니다. 백업은 어떻게 관리되나요?"

이정보 선임 : "ERP는 자동백업이 되는데, 솔직히 백업이 잘 되는지 따로 확인해본 적은 없습니다."

공영칠 회계사 : "그 백업이 진짜 작동하는지, 복구는 가능한지 확인해야 합니다. 연 1회 이상 복구 테스트, 그리고 월 1회 이상 접속 로그·오류 로그 점검 정도는 수행하셔야 합니다."

나동제 수석 : "백업 복구 테스트 관련해서는 1년에 한 번씩 체크해보는 것으로 로드맵을 잡겠습니다."

공영칠 회계사 : "오늘 논의된 ITGC는 내부회계관리제도에서 다음과 같이 반영되어야 할 것 같습니다."

영역	핵심 통제	담당부서
접근통제	계정 발급/회수 문서화, 승인 로그 보관	이정보 선임(ERP), 나동제 수석(조율)
변경관리	시스템 변경 요청·승인·테스트 이력 보관	이정보 선임
운영통제	정기 백업, 복구 테스트, 로그 점검	이정보 선임 + CFO 보고

나동제 수석 : "생각보다 어렵진 않네요. 시스템을 믿고 업무통제를 설계하려면, 먼저 이 기반부터 잡아야 하겠네요."

이정보 선임 : "지금까지는 그냥 ERP 쓰는 게 끝인 줄 알았는데… ERP도 내부회계관리제도의 대상이었네요."

아이넥사 ITGC 관련 통제기술서(예시)

아이넥사의 현실(중소기업, 범용 ERP 사용, 전문 IT 인력 미비 등)을 고려함.

구분	통제명	위험	통제내용	빈도	수행자
접근통제	사용자 등록·수정 절차 통제	무단 사용자 생성으로 시스템 악용	사용자 등록 요청 시, 부서장 승인서 제출 후 계정 발급	수시	IT담당자 (이정보)
접근통제	퇴사자 계정 회수통제	퇴직자가 시스템에 접근해 정보 왜곡	퇴사 즉시 인사팀 통보 → ERP 계정 회수, 기록 보관	수시	IT담당자, 인사팀
접근통제	중요 모듈 권한 제한	회계, 자금 모듈에 비인가자 접근	회계/자금 모듈 접근은 지정 사용자로 한정, 접근 로그관리	월 1회	IT담당자
변경관리	시스템 변경 승인 및 기록 보관	무단 변경으로 ERP 데이터 왜곡	ERP 주요설정 변경 시, 변경요청서·승인 후 반영	수시	IT담당자 + CFO
변경관리	변경후테스트 및 검토	변경 오류로 전표 오류 또는 누락	운영 반영 전 테스트 실시, 결과 저장	수시	IT담당자
운영통제	ERP 백업 수행	시스템 장애 시 데이터 손실	ERP 데이터 일일 자동백업 및 외부 저장	일 1회	IT담당자
운영통제	복구절차 수립 및 테스트	장애 발생 시 시스템 복구 지연	복구절차 수립, 연 1회 이상 모의 테스트	연 1회	IT담당자 + CFO 보고
운영통제	시스템 로그 점검	이상 접근/오류 발생 시 미식별	ERP 접속·에러로그 월1회 점검 후 이상시 보고	월 1회	IT담당자

5장

업무수준통제의 설계 및 구축 그리고 문서화

계약 검토 및
수주관리

공영칠 회계사 : "나 수석님, 우리가 지금 보고 있는 '계약 검토 및 수주관리' 프로세스는 어떤 계정과목과 연결되죠?"

나동제 수석 : "주로 영업수익과 매출채권입니다. 그리고 매출채권 회수와 연결되니 현금 및 현금성자산도 연계됩니다. 매핑표에 따르면, 이렇게 정리되어 있죠.

- 영업수익 : 핵심 주장은 '발생사실'과 '측정'
- 매출채권 : 핵심 주장은 '실재성'과 '평가', 보조로 '권리와 의무', '표시와 공시'"

공영칠 회계사 : "좋습니다. 그럼 이 주장들에서 출발해서 WCGW(What Could Go Wrong)를 짚어봅시다. 나 수석님, WCGW란 무엇이며, 우리가 이 개념을 사용해서 위험을 식별하는 근본적인 이유가 무엇이라고 생각하십니까?"

나동제 수석 : "What Could Go Wrong이요? 글쎄요…."

공영칠 회계사 : "WCGW, 즉 '무엇이 잘못될 수 있는가'는 재무보고 위험을 식별하는 데 사용되는 구조화된 사고 방식입니다. 재무제표의 특정 금액이나 공시사항이 회계 기준에 맞지 않게 중요하게 왜곡 표시될 수 있는 잠재적인 가능성을 업무 프로세스 관점에서 구체적으로 상정

해보는 것입니다. 단순히 '오류가 날 수 있다'가 아니라, '계약 검토' 단계에서 발생사실 주장에 대해 '계약이 실제로 존재하지 않는데 매출이 인식될 위험'과 같이 경영자 주장별로 구체적인 시나리오를 만들어보는 거죠."

나동제 수석 : "경영자 주장별로 잘못될 수 있는 시나리오라…."

공영칠 회계사 : "재무보고 위험은 경영자 주장(Management Assertion)이 충족되지 않을 위험을 말합니다. 우리가 WCGW를 사용하는 이유는 경영자 주장을 재무제표 왜곡표시의 원천으로 삼아, 모든 잠재적 위험을 체계적이고 누락 없이 포착하기 위함입니다. 만약 WCGW를 도출하지 않으면, 우리가 통제 활동(Control Activity)을 설계할 때 그 통제가 어떤 위험에 대응하는지 명확하지 않아 통제의 효과성을 입증하기 어렵게 됩니다. 결국 WCGW는 재무보고 위험 식별과 핵심통제 식별을 연결하는 논리적 교량 역할을 수행하는 것이죠."

나동제 수석 : "아하…."

WCGW 도출(경영자 주장 기반)

- 영업수익 – 발생사실 : 존재하지 않는 계약을 기초로 매출을 조기 인식할 위험
- 영업수익 – 측정 : 계약조건(단가, 수량, 납기) 오류로 수익이 잘못 측정될 위험
- 매출채권 – 실재성 : 실체 없는 채권이 계상될 위험(허위 계약, 이중 청구)
- 매출채권 – 평가 : 회수 불가능한 채권이 과대 계상될 위험
- 매출채권 – 권리와 의무(보조) : 아이넥사가 아닌 다른 법인 명의로 계약이 체결될 위험

핵심통제 선별

나동제 수석 : "이 위험들을 통제하기 위해서는 다음 절차들이 필요합니다.

- 모든 계약은 영업본부장 검토 후 CFO 승인(발생사실, 실재성 보장)
- 계약조건(금액·납기 등)은 ERP 등록 시 재무팀 대조(측정 정확성 확보)
- 일정 금액 이상 계약은 CEO까지 보고(무단계약 방지)
- 신규 거래처는 등록 절차와 신용조회 필수(회수불능 방지)"

김세훈 영업본부장 : "실제로도 이미 그런 승인 절차를 따르고 있습니다. 다만 ERP 매칭은 재무팀과 협업을 더 체계화하면 좋겠습니다."

공영칠 회계사 : "좋습니다. 다음의 통제들을 핵심통제로 설정하죠.

- 계약체결 시 CFO 승인
- ERP계약 등록과 계약서 원본 대조
- 일정 금액 이상 계약의 CEO 보고
- 신규 거래처 등록 시 신용조회 및 CFO 승인"

나동제 수석 : "네, 이것들이 없다면 수익 인식 자체의 신뢰성이 흔들릴 수 있겠네요. 핵심통제로 적정할 듯합니다."

공영칠 회계사 : "정리하자면, 매핑표에 기재된 경영자 주장은 단순한 참고가 아니라, WCGW를 통해 재무보고위험을 식별하고, 궁극적으로 통제와 위험을 식별하는 출발점이 되는 겁니다. 아이넥사의 내부회계관리제도 설계에서도 이 로직이 계속 반복될 거예요."

나동제 수석 : "이제 알겠습니다. 통제를 프로세스별로 정리할 때도 항상 '이 계정의 핵심 주장은 뭔가?'를 먼저 확인하고 출발해야 하는군요."

프로젝트 수행 및
수익 인식

공영칠 회계사 : "이번엔 '프로젝트 수행 및 수익 인식' 프로세스를 볼까요? 나 수석님, 관련 계정과목과 주장 매핑은 어떻게 되어 있죠?"

나동제 수석 : "여기는 영업수익과 매출채권이 직접적으로 연관됩니다.
- 영업수익 : 핵심 주장은 발생사실과 측정
- 매출채권 : 핵심 주장은 실재성과 평가, 보조로 권리와 의무, 표시와 공시

요컨대, 수익을 실제로 발생한 만큼만, 정확히 인식하는 게 핵심입니다."

WCGW 도출(경영자 주장 기반)

- 영업수익 – 발생사실 : 검수 전 매출을 조기 인식할 위험
- 영업수익 – 측정 : 진행률 산정 오류, 계약조건 반영 누락으로 수익이 과대·과소 인식될 위험
- 매출채권 – 실재성 : 실체 없는 채권 계상 위험
- 매출채권 – 평가 : 회수 불능 채권에 대한 대손 설정이 누락될 위험
- 매출채권 – 권리와 의무(보조) : 아이넥사가 아닌 타사 명의의 계약에 기초해 매출을 인식할 위험

나동제 수석 : "정리하니 훨씬 명확하네요. 단순히 '수익인식 오류'가 아니라, 주장별로 왜곡표시 위험을 세분화해야 한다는 거죠?"

핵심통제 선별

박지현 사업관리팀장 : "우리 사업관리팀에서는 매월 프로젝트별 공정률을 산정하고, 검수서를 확보합니다. 이게 ERP에 올라가야 재무팀에서 매출을 인식합니다."

이수정 재무팀장 : "재무팀은 그 데이터를 확인해 매출 분개를 올리기 전에 CFO 승인을 받고 있습니다. 또, 분기마다 매출채권의 연령을 분석해서 연체채권에 대한 대손충당금도 검토합니다."

나동제 수석 : "추가로, 계약자산·부채 계정도 매 분기 CFO 검토를 받도록 하죠. 그래야 수익과 채권이 일관되게 관리됩니다."

공영칠 회계사 : "좋습니다. 그럼 여기서 핵심통제는 다음 4가지입니다.
- 진행률 산정 후 재무팀 검토 및 CFO 승인(영업수익-측정 확보)
- 고객 검수서 없이는 ERP 매출 인식 불가(영업수익-발생사실 확보)
- 계약자산/부채 변동 분기별 CFO 검토(매출채권-실재성·완전성 확보)
- 매출채권 연령분석 및 대손충당금 검토(매출채권-평가 확보)"

나동제 수석 : "결국 수익 인식은 단순한 분개가 아니라, 주장별 리스크를 걸러내는 절차라는 게 확인되네요."

공영칠 회계사 : "매출 인식은 가장 민감한 계정이기 때문에, 주장별로 대응 통제가 설계되어야 합니다. 아이넥사의 이 프로세스는 그 점에서 핵심이죠."

나동제 수석 : "네, 이 핵심통제를 문서화하고, 실제로 운영되도록 모니터링하는 게 필요하겠네요."

청구 및
수금관리

공영칠 회계사 : "자, 이번엔 세금계산서 발행부터 매출채권 회수까지 이어지는 '청구 및 수금관리' 프로세스를 보겠습니다."

나동제 수석 : "이 단계에서 연관된 주요 계정은 매출채권과 현금 및 현금성자산입니다.

- **매출채권** : 핵심 주장은 실재성과 평가, 보조로 권리와 의무, 표시와 공시
- **현금 및 현금성자산** : 핵심 주장은 실재성, 보조로 표시와 공시, 권리와 의무

즉, '존재하는 채권만 기록되고', '현금 입금이 정확히 반영되며', '회수 불가능한 채권은 적정하게 대손 처리된다'가 핵심이죠."

WCGW 도출

- 매출채권-실재성 : 존재하지 않는 채권이 기재될 위험(허위 세금계산서 발행)
- 매출채권-평가 : 회수 불능 채권에 대손충당금이 과소 계상될 위험
- 매출채권, 현금-권리와 의무 : 아이넥사와 무관한 채권, 현금이 계상될 위험

- 현금-실재성 : 이미 입금된 금액이 장부에 반영되지 않을 위험
- 현금-표시와 공시 : 현금 계정 분류·표시가 잘못되어 재무제표에 왜곡 표시될 위험

나동제 수석 : "'세금계산서 발행 오류', '채권 회수 누락', '대손충당금 오류'로 요약되네요."

핵심통제 선별

이수정 재무팀장 : "저희는 ERP에서 계약정보를 기반으로 세금계산서를 발행합니다. 영업팀 입력 → 재무팀 검토 후 발행이죠. 그리고 매월 말 은행 입금 내역과 매출채권 장부를 대사합니다. 연체채권은 일정 기간이 지나면 대손충당금 검토 대상으로 올립니다."

나동제 수석 : "여기에 분기마다 매출채권 연령분석표를 작성해서 CFO 검토를 받도록 하면 평가 주장까지 커버되겠어요."

공영칠 회계사 : "핵심통제는 다음과 같습니다.

- 세금계산서 발행 시 ERP 계약정보와 대조 후 재무팀 검토(매출채권-실재성)
- 매월 말 은행 입금 내역과 매출채권 장부 대사(현금·채권-실재성·완전성)
- 연체채권에 대한 대손충당금 검토 및 설정(매출채권-평가)
- 분기별 채권 연령분석표 작성 및 CFO 보고(매출채권-평가·표시)

청구 및 수금은 매출 싸이클의 '현금화 고리'입니다. 통제가 약하면 아무리 매출을 잘 잡아도 회수 가능성이 떨어지게 됩니다."

외주용역 구매 및 계약

공영칠 회계사 : "이번에는 외주용역 계약 프로세스를 살펴볼까요?
나동제 수석 : "주요 계정은 외주용역비입니다.
- 외주용역비 : 핵심 주장은 발생사실과 측정, 보조로 완전성
- 실제 발생한 용역만 비용으로 인식해야 하고, 그 금액이 정확해야 한다는 거죠."

WCGW 도출

- 발생사실 : 존재하지 않는 용역을 계약·발주해서 비용이 허위 계상될 위험
- 측정 : 계약금액·단가 오류, 견적 비교 미흡으로 비용이 잘못 측정될 위험
- 완전성(보조) : 실제 발생한 외주 용역 비용이 누락되어 기재되지 않을 위험

나동제 수석 : "정리하면, 여기서는 허위계약, 단가 오류, 비용 누락이 주요 리스크군요."

핵심통제 선별

최성호 총무팀장(구매담당) : "우리 총무팀은 신규 외주업체 등록 시 CFO 승인을 받고, 일정 금액 이상 계약은 반드시 2개 이상의 견적을 받아 비교표를 작성합니다. 계약서는 ERP에 첨부해 재무팀 검토 후 CFO가 결재합니다."

박지현 사업관리팀장 : "실제 업무에서도 발주 누락을 막기 위해 사업부가 의뢰서를 작성하고, 총무팀이 이를 검토한 뒤 발주서를 발행합니다."

나동제 수석 : "추가로 ERP에서 '등록되지 않은 업체는 발주 불가'하도록 시스템 통제를 넣으면 더 확실히 발생사실을 보장할 수 있겠습니다."

공영칠 회계사 : "그럼 이 중 핵심통제는 이렇게 정리할 수 있습니다.

- 신규 외주업체 등록 시 CFO 승인(발생사실 확보)
- 일정 금액 이상 계약 시 2개 이상 견적 비교(측정 적정성 확보)
- 계약서 원본 ERP 첨부 및 재무팀·CFO 결재(발생사실 확보)
- ERP 시스템에서 미등록 업체 발주 차단(발생사실 확보)"

공영칠 회계사 : "외주용역계약은 회사 자금이 외부로 나가는 첫 단계입니다. 여기서 통제가 무너지면 부정 위험이 가장 크게 발생하죠."

나동제 수석 : "맞습니다. 아이넥사의 성장 단계에서 외주 비중이 커지고 있으니, 이 핵심통제들을 철저히 운영할 필요가 있겠어요."

외주용역 검수 및 채무 인식

공영칠 회계사 : "지난번은 계약 단계였죠. 이제 외주 용역이 완료된 뒤, 검수와 채무 인식 절차를 확인해보겠습니다. 나 수석님, 관련 계정과 주장은 어떻게 매핑됩니까?"

나동제 수석 : "여기도 외주용역비가 직접 연관됩니다. 핵심 주장은 발생사실과 측정, 보조 주장은 완전성, 즉 실제 제공된 용역만 비용으로 인식하고, 그 금액이 정확해야 하며, 누락 없이 기록해야 한다는 겁니다."

WCGW 도출

- 발생사실 : 검수되지 않은 용역이 비용으로 인식되는 위험
- 측정 : 세금계산서 단가·수량이 계약조건과 불일치하는 위험
- 완전성(보조) : 실제 제공된 용역이 누락되어 비용에 반영되지 않는 위험

나동제 수석 : "주요 위험은 '검수 없는 비용 인식', '계약조건과 다른 금액 계상', '용역 누락'이군요."

핵심통제 선별

최성호 총무팀장(구매담당) : "실무적으로는 사업부가 검수서를 작성해서 총무팀(구매 파트)에 제출합니다. 총무팀(구매 파트)은 검수서를 확인한 뒤 세금계산서를 접수하고 ERP에 입력합니다."

이수정 재무팀장 : "재무팀은 세금계산서와 계약서를 대조해 단가·수량이 일치하는지 확인하고, CFO 승인을 받아야 비용 인식이 완료됩니다."

나동제 수석 : "추가로, 월말에 외주용역 검수 내역과 회계처리 금액을 대사하는 절차가 있으면 완전성까지 확보할 수 있겠네요."

공영칠 회계사 : "좋습니다. 핵심통제는 이렇게 설계하시죠.
- 사업부 검수서 작성 및 총무팀(구매 파트) 확인(발생사실 확보)
- 세금계산서 vs 계약서·검수서 대조 후 재무팀 검토·CFO 승인(발생사실·측정 확보)
- ERP 등록된 외주비용은 세금계산서 첨부 필수(발생사실 확보)
- 월말 외주비용 검수 내역과 회계장부 대사(완전성 확보)"

공영칠 회계사 : "외주용역 검수 단계는 비용의 '현실성'을 보장하는 과정입니다. 검수 없는 비용 인식은 회사 돈이 새는 지름길이죠."

나동제 수석 : "맞습니다. 아이넥사도 이 통제들을 운영하면서 비용의 적정성을 확보해야 합니다."

지급 처리 및 실행

공영칠 회계사: "이번엔 외주용역비, 급여 등 다양한 지급이 실제로 이루어지는 단계죠?"

나동제 수석: "주요 계정은 현금 및 현금성자산입니다.
핵심 주장은 실재성(실제로 존재하는 현금만 기록)입니다.
보조 주장은 표시와 공시, 권리와 의무, 즉 '정당한 지출만 이뤄지고, 회사 자금이 적절히 통제되는지'가 관건입니다."

WCGW 도출

- 실재성 : 존재하지 않는 비용에 대해 무단으로 자금이 이체될 위험
- 권리와 의무(보조) : 아이넥사와 무관한 제3자 계좌로 자금이 지급될 위험
- 표시와 공시(보조) : 현금지급이 잘못 분류·표시되어 재무제표 왜곡 위험

나동제 수석: "정리하면, '무단 지급', '잘못된 계좌 이체', '자금 분류 오류'네요."

핵심통제 선별

이수정 팀장 : "저희는 모든 지급 건에 대해 '지급결의서'를 작성합니다. 금액 한도별로 재무팀 검토, CFO 승인 절차를 거칩니다."

김대호 자금 파트 수석 : "자금 파트는 승인된 지급결의서가 있어야만 OTP로 이체할 수 있습니다. 또, 은행 계좌와 ERP 잔액은 월말에 대사합니다."

나동제 수석 : "추가로, 신규 계좌로 지급되는 건은 반드시 CFO 재확인을 거치도록 하면 부정 위험을 더 줄일 수 있겠습니다."

공영칠 회계사 : "좋습니다. 핵심통제는 이렇게 정리할 수 있겠네요.
- 지급결의서 작성 및 재무팀 검토·CFO 승인(실재성 확보)
- 승인된 결의서 없이는 자금 파트 이체 불가(실재성 확보)
- 신규 계좌 지급 시 CFO 재확인(권리와 의무 확보)
- 은행 계좌-ERP 현금 잔액 월말 대사(실재성·표시 확보)"

공영칠 회계사 : "지급 단계는 회사 돈이 실제로 나가는 순간입니다. 이 절차가 허술하면 부정위험이 가장 크게 발생하죠."

나동제 수석 : "맞습니다. 아이넥사도 재무팀 내에 자금 파트와 회계 파트가 역할을 분리해서 운영하고 있으니, 오늘 정리한 핵심통제를 운영하는 데, 큰 무리가 없을 것 같습니다."

급여 및
복리후생비 산정

공영칠 회계사 : "이번에는 임직원 급여 및 복리후생비 산정 프로세스를 보겠습니다. 나 수석님, 관련 계정과 주장은 어떻게 매핑되나요?"

나동제 수석 : "주요 계정은 급여·복리후생비입니다. 핵심 주장은 발생사실과 측정, 보조 주장은 완전성, 즉 실제 근무한 인원에게 적정 급여를 산정하고, 금액 산출이 정확해야 합니다."

WCGW 도출

- 발생사실 : 존재하지 않는 인원(유령 직원)에게 급여가 산정되는 위험
- 측정 : 근태기록 오류, 급여 계산 실수, 수당·복리후생비 과대/과소 산정 위험
- 완전성(보조) : 실제 근무한 직원 급여가 누락되는 위험

나동제 수석 : "요컨대, 주요 위험은 '유령 직원 급여', '급여 계산 오류', '급여 누락'입니다."

핵심통제 선별

윤지현 인사팀장 : "인사팀은 매월 근태기록을 집계해 급여계산서를 작

성합니다. 이건 반드시 인사팀장 승인 후 재무팀에 전달됩니다."

이수정 재무팀장 : "재무팀은 급여계산서를 검토하고, 예외적으로 변동이 큰 건은 CFO에게 보고합니다. 또, 급여총액은 전월 대비 증감분을 분석해 CFO 결재를 받아야 합니다."

나동제 수석 : "추가로, 인사팀 인사카드와 ERP 인사정보를 대사하는 절차를 분기마다 시행하면 유령 직원 리스크도 잡을 수 있겠네요."

공영칠 회계사 : "정리하면 핵심통제는 다음 4가지입니다.
- 근태기록 집계 및 인사팀장 승인(발생사실 확보)
- 급여계산서 재무팀 검토 및 CFO 결재(측정 적정성 확보)
- 급여총액 전월 대비 증감분 분석 및 CFO 보고(측정 확보)
- 인사카드 vs ERP 인사정보 대사(발생사실 확보)"

나동제 수석 : "네, 아이넥사 입장에서 급여 통제의 핵심은 '유령 직원 차단'과 '계산 정확성 보장'입니다."

공영칠 회계사 : "급여는 회사 비용에서 큰 비중을 차지합니다. 이 프로세스가 허술하면 부정도, 오류도 크게 발생할 수 있죠."

급여 지급 및
원천세 신고

공영칠 회계사 : "지난번에는 급여 산정까지 확인했죠. 이번에는 실제 지급과 원천세 신고 단계입니다."

나동제 수석 : "관련 계정은 현금 및 현금성자산과 급여·복리후생비입니다.
- 현금 및 현금성자산 : 핵심 주장은 실재성, 보조로 표시와 공시, 권리와 의무
- 급여·복리후생비 : 핵심 주장은 발생사실, 측정, 보조로 완전성입니다.

실제 근무한 직원에게만 정확한 금액이 지급되고, 현금 지출이 장부에 제대로 반영되어야 한다는 거죠."

WCGW 도출
- 현금–실재성 : 존재하지 않는 직원 계좌로 급여가 이체될 위험
- 급여– 발생사실 : 이미 퇴사한 직원에게 급여가 지급될 위험
- 급여 – 측정 : 원천세·4대보험 공제 오류로 순급여가 잘못 계산될 위험
- 현금 – 표시와 공시 : 현금 유출이 잘못 분류·표시될 위험
- 세금 관련 : 원천세 미신고·과소신고 위험

핵심통제 선별

이수정 팀장 : "재무팀은 매월 급여명세서를 작성하고, 원천세와 4대보험 공제액을 산출합니다. 이건 반드시 CFO 승인 후 지급합니다."

김대호 수석 : "자금 파트는 승인된 지급결의서를 받아서 급여 계좌이체를 실행합니다. 신규 계좌 지급 건은 CFO 재확인을 거치죠."

윤지현 인사팀장 : "또, 원천세 신고는 재무팀이 전자신고 후 신고서와 납부확인서를 CFO에게 보고합니다."

공영칠 회계사 : "좋습니다. 핵심통제를 정리하면 이렇습니다.
- 급여명세서 및 원천세 공제액 CFO 승인(발생사실·측정 확보)
- 승인된 지급결의서 없이는 자금 파트 이체 불가(현금-실재성 확보)
- 신규 계좌 지급 건 CFO 재확인(유령 계좌 차단)
- 원천세 신고 및 납부 확인서 CFO 보고(세금 적정성 확보)"

나동제 수석 : "네, 아이넥사에서 반드시 운영해야 할 핵심통제들이네요."

공영칠 회계사 : "급여 지급 단계는 실제 현금 유출과 세금 신고가 동시에 발생하는 중요한 지점입니다. 이 절차가 허술하면 회사 돈이 새거나 세무 리스크가 커지죠."

주식 기준 보상
운영

나동제 수석 : "오늘은 스톡옵션, 즉 주식 기준 보상 운영 프로세스를 다뤄야 합니다. 이게 IFRS 2 기준에 맞게 처리되지 않으면 왜곡위험이 상당합니다."

공영칠 회계사 : "맞습니다. 특히 핵심 경영자 주장은 '측정'이에요. 보조로는 부여의 발생사실, 완전성, 권리와 의무, 공시 등이 따라붙습니다. 옵션이 실제 부여되었는지, 그리고 공정가치가 제대로 평가되고 가득기간에 걸쳐 비용으로 인식되는지가 주요 관심이지요."

WCGW 도출

- 측정(핵심) : 공정가치 산정 오류, 가득기간 배분 누락/오류
- 발생사실(보조) : 이사회 결의 없는 옵션이 인식될 위험
- 완전성(보조) : 실제 부여된 옵션이 회계처리에 누락될 위험
- 권리와 의무(보조) : 행사조건이 잘못 반영되어 부여 대상이 왜곡될 위험
- 표시와 공시(보조) : 주석 기재가 불완전하거나 누락될 위험

핵심통제 선별

윤지현 인사팀장 : "우리는 이사회 결의로만 스톡옵션을 부여합니다. 조건, 수량, 행사 가격 등이 의결되면 임직원별로 통보하고 계약서를 작성하지요."

김윤정 상무 : "공정가치는 외부 평가기관 산정 보고서를 받고 CFO가 검토합니다. 이후 재무팀이 가득기간에 맞춰 비용 인식을 나눠 처리합니다."

나동제 수석 : "그리고 주석 작성 시 CFO와 감사(위원회) 보고 절차를 두면 공시 완전성까지 확보되겠습니다."

공영칠 회계사 : "핵심통제는

- 스톡옵션 부여는 이사회 결의(발생사실 확보)
- 외부 평가기관 산정 공정가치에 대해 CFO 검토·승인(측정 확보)
- 재무팀의 가득기간 비용 인식 검증 및 전표 승인(측정 확보)
- 주석 작성 시 CFO 검토 및 감사(위원회) 보고(공시 확보)로 정리될 것 같습니다.

주식 기준 보상과 관련해선 측정 오류가 큰 위험입니다. 이 통제들이 없다면 비용 인식 자체가 흔들릴 수 있죠."

연구개발 및
무형자산관리

공영칠 회계사 : "이번에는 연구개발비와 무형자산관리 프로세스를 보겠습니다. 나 수석님, 여기서 중요한 주장은 뭘까요?"

나동제 수석 : "무형자산은 핵심적으로 평가 주장이 중요합니다. 즉, 자산화 요건이 충족되었는지와, 손상 여부가 적절히 검토되는지가 핵심입니다. 보조적으로는 실재성, 권리와 의무, 공시도 따라오고요."

WCGW 도출

- 평가(핵심) : 연구비를 자산화할 요건이 안 되는데 자산으로 계상할 위험 / 반대로 자산화해야 할 개발비가 비용 처리되는 위험
- 실재성(보조) : 존재하지 않는 프로젝트를 자산화하는 위험
- 권리와 의무(보조) : 아이넥사가 소유하지 않은 지적재산권을 무형자산으로 인식할 위험
- 표시와 공시(보조) : 무형자산 관련 회계정책이나 손상검토 결과를 주석에 누락할 위험
- 측정(보조) : 상각기간, 잔존가치, 상각액이나 손상차손 금액을 잘못 계상할 위험

핵심통제 선별

박지현 사업관리팀장 : "저희는 연구개발 프로젝트가 기획 단계일 때부터 '연구'와 '개발'을 구분합니다. 개발 단계로 넘어가는 시점에는 기술성·상업성 검토보고서를 작성하지요."

이수정 재무팀장 : "그 보고서를 재무팀이 받아서 자산화 요건 충족 여부를 검토합니다. CFO 승인 없이는 개발비를 무형자산으로 계상할 수 없습니다."

나동제 수석 : "손상 검토는 어떻게 수행되나요?"

이수정 팀장 : "매년 R&D팀이 사업성 평가자료를 제출하면, 재무팀이 현금창출단위별로 손상검토를 하고 CFO 검토를 받습니다."

공영칠 회계사 : "공시 측면은 어떻습니까?"

나동제 수석 : "주석(무형자산)에 자산 구분, 상각기간, 손상차손 등을 기재합니다."

공영칠 회계사 : "그럼 핵심통제는 다음 4가지로 보이네요.
- 연구 → 개발 단계 전환 시 기술성·상업성 검토보고서 작성 및 재무팀 검토(평가 확보)
- 무형자산 계상 시 CFO 승인 필수(평가 확보)
- 매년 손상 검토 보고서 작성 및 CFO 검토(평가·측정 확보)
- 무형자산 주석 작성 시 재무팀·CFO 검토(공시 확보)"

공영칠 회계사 : "무형자산은 평가 주장이 핵심이지만, 사실상 회사의 미래 가치를 결정하는 민감한 영역입니다. 그래서 더더욱 통제가 필요하지요."

나동제 수석 : "맞습니다. 오늘 정리한 통제들을 문서화해 두고, 실제 운영 여부도 정기적으로 점검하겠습니다."

금융자산
관리

공영칠 회계사 : "이번엔 아이넥사의 금융자산관리 프로세스를 살펴보겠습니다. 나 수석님, 핵심 주장은 무엇입니까?"

나동제 수석 : "금융자산은 평가가 핵심입니다. 즉, 공정가치 평가나 기대신용손실(ECL) 측정이 적정해야 하고, 보조적으로 실재성, 권리와 의무, 공시 등이 뒤따릅니다."

WCGW 도출

- 평가(핵심) : 금융상품의 공정가치가 잘못 산정되거나, 기대신용손실 충당금이 과소·과대 계상되는 위험
- 실재성(보조) : 존재하지 않는 투자 자산이 기록되는 위험
- 권리와 의무(보조) : 아이넥사 소유가 아닌 투자 자산을 잘못 계상하는 위험
- 표시와 공시(보조) : 금융상품 분류·공시(K-IFRS 1109, 1107 기준) 누락 위험
- 측정(보조) : 이자수익, 평가손익이 잘못 인식되는 위험

나동제 수석 : "즉, 핵심은 '공정가치 평가 오류', '손상충당금 오류', '공

시 누락'입니다."

핵심통제 선별

이수정 재무팀장 : "금융자산 취득이나 처분은 반드시 CFO 제안 후 CEO 승인으로만 가능합니다. 증권사 거래 내역은 매월 재무팀이 수령해 장부와 대사합니다."

나동제 수석 : "평가와 손상 검토는 어떻게 수행되나요?"

이수정 팀장 : "분기마다 외부 시가자료나 증권사 평가보고서를 확보하고, 재무팀이 공정가치 평가와 기대신용손실을 검토한 뒤 CFO가 승인합니다."

공영칠 회계사 : "공시 부분은 어떤 절차를 거치나요?"

나동제 수석 : "연말 주석(금융상품 관련 주석) 작성 시, 분류별 장부 금액·공정가치, 손상차손 변동 내역을 CFO 검토 후 공시합니다."

공영칠 회계사 : "핵심통제는
- 금융자산 취득·처분 시 CEO 승인(실재성·권리와 의무 확보)
- 증권사 거래 내역과 장부 대사(실재성 확보)
- 분기별 공정가치·기대신용손실 검토 및 CFO 승인(평가 확보)
- 금융자산 주석 작성 시 CFO 검토 및 감사(위원회) 보고(공시 확보)가 되겠네요."

나동제 수석 : "네, 아이넥사에서 금융자산관리의 신뢰성을 담보하려면 이 4가지가 반드시 핵심통제로 설정되어야 할 것 같습니다."

공영칠 회계사 : "금융자산은 평가가 핵심 주장이라서, 숫자 하나 잘못 잡히면 회사 재무제표의 신뢰성이 흔들릴 수 있습니다."

리스자산 및 부채관리

공영칠 회계사 : "이번엔 리스계약과 관련된 처리를 점검해보겠습니다."
나동제 수석 : "리스자산과 리스부채는 평가가 핵심입니다. 즉, 최초 인식 시점에 적정한 현재가치로 인식되었는지, 후속 측정에서 상각과 이자비용이 올바른지가 중요합니다. 보조로는 실재성, 완전성, 권리와 의무, 표시와 공시가 뒤따르죠."

WCGW 도출

- 평가(핵심) : 리스부채 현재가치 계산 오류(할인율 적용 오류 등), 사용권자산 상각·이자비용 인식 오류
- 측정(보조) : 리스부채 상각표와 회계처리 불일치 위험"
- 실재성(보조) : 실제 존재하지 않는 리스계약을 장부에 계상할 위험
- 완전성(보조) : 일부 리스계약이 장부에서 누락될 위험
- 권리와 의무(보조) : 아이넥사가 리스 의무가 없는 자산을 잘못 계상할 위험
- 표시와 공시(보조) : 리스자산·부채 관련 회계정책, 만기분석 등이 주석에 누락될 위험

핵심통제 선별

이수정 재무팀장 : "리스계약이 체결되면 반드시 계약서를 재무팀에 전달받아, 리스 여부를 식별합니다. 운영리스인지 금융리스인지 판단하고, 현재가치를 계산하지요."

나동제 수석 : "그 계산은 누가 검토하게 되나요?"

이수정 팀장 : "재무팀에서 계산한 리스부채·사용권자산 금액은 CFO 검토 후 확정됩니다. 또, 리스 상각표를 ERP에 등록해 매월 자동으로 이자·상각비가 인식됩니다."

공영칠 회계사 : "공시는 어떻게 처리되고 있나요?"

나동제 수석 : "기말 주석에 리스자산 장부 금액, 리스부채 만기분석 등을 반드시 기재하고 CFO 검토를 받습니다."

공영칠 회계사 : "핵심통제는 이렇게 정리할 수 있습니다.

- 리스계약체결 시 재무팀이 계약서 검토 및 리스 여부 식별(완전성·실재성 확보)
- 리스자산·부채 현재가치 계산에 대한 CFO 검토·승인(평가 확보)
- 리스 상각표 ERP 등록 및 월별 자동 인식(측정 확보)
- 리스 관련 주석 작성 시 CFO 검토(공시 확보)"

공영칠 회계사 : "리스자산과 부채는 계산이 복잡하고, IFRS 16 요건을 제대로 반영하지 않으면 금액 왜곡이 큽니다."

나동제 수석 : "맞습니다. 그래서 오늘 정리한 핵심통제는 설계뿐만 아니라 실제 운영까지 잘 점검해야겠어요."

자금 운용 및 조달

공영칠 회계사 : "이번에는 자금 운용과 조달, 즉 회사 현금의 관리 절차를 살펴볼 차례입니다."

나동제 수석 : "현금 및 현금성자산은 실재성이 핵심입니다. 즉, 장부상 잔액과 실제 은행잔액이 일치해야 하고, 회사 소유 계좌만 관리해야 합니다. 보조적으로는 권리와 의무, 공시도 중요합니다."

WCGW 도출
- 실재성(핵심) : 장부상 현금과 실제 은행 잔액이 일치하지 않을 위험
- 권리와 의무(보조) : 아이넥사 소유가 아닌 제3자 명의의 계좌가 포함될 위험
- 표시와 공시(보조) : 현금 및 현금성자산 구분이 잘못되어 재무제표 왜곡 위험(예 : 3개월 초과 정기예금 포함)

나동제 수석 : "즉, '현금 불일치', '명의 오류', '분류 오류'가 핵심 리스크군요."

핵심통제 선별

김대호 자금 파트 수석 : "자금 파트는 매일 은행에서 입출금 내역을 확인하고 ERP에 반영합니다. 월말에는 은행잔액증명서와 ERP 잔액을 대사합니다."

이수정 재무팀장 : "은행 계좌 신규 개설이나 해지는 반드시 CFO 승인을 받아야 하고, 모든 계좌는 재무팀 명세와 일치시킵니다."

나동제 수석 : "그리고 결산 시점에는 현금 및 현금성자산 정의에 맞게 단기 예금과 분리해서 공시하도록 하죠."

공영칠 회계사 : "핵심통제는 이렇게 정리됩니다.

- 월말 은행잔액증명서 vs ERP 잔액 대사(실재성 확보)
- 은행 계좌 신규 개설·해지 시 CFO 승인(권리와 의무 확보)
- 자금 파트의 일별 자금현황 보고 및 CFO 검토(실재성 확보)
- 결산 시 현금 및 현금성자산 분류 검토 및 CFO 승인(공시 확보)

현금은 회사 자산 중 가장 유동적이고 부정위험이 큰 영역입니다. 대사와 승인 절차가 없으면 신뢰성을 보장할 수 없습니다."

나동제 수석 : "오늘 정리한 핵심통제를 문서화하고, 자금 파트와 회계 파트 간 역할분리를 더 명확히 하겠습니다."

법인카드
관리

공영칠 회계사 : "다음은 법인카드 사용 및 관리 절차를 점검하겠습니다. 나 수석님, 관련된 주장은 무엇입니까?"

나동제 수석 : "법인카드 사용은 비용 인식과 직접 연결되므로 발생사실과 측정이 핵심 주장입니다. 즉, 실제로 회사 관련 거래가 있어야 하고, 사용 금액이 정확히 비용으로 반영되어야 합니다. 보조적으로는 비용 누락 방지를 위한 완전성, 그리고 적절한 계정 분류와 주석 반영을 위한 공시 주장도 중요합니다."

WCGW 도출

- 발생사실(핵심) : 사적 사용이 비용으로 인식될 위험
- 측정(핵심) : 카드 사용액이 잘못 분류되거나, 증빙 누락으로 비용이 과대·과소 계상될 위험
- 완전성(보조) : 실제 사용이 회계에 누락될 위험
- 표시와 공시(보조) : 특정 비용 항목(예 : 복리후생비, 접대비 등)이 잘못 표시되어 재무제표 왜곡 위험

나동제 수석 : "정리하자면, '사적 사용 방지', '정확한 계상', '비용 누락

방지'군요."

핵심통제 선별

이수정 재무팀장 : "법인카드는 발급·해지 시 CFO 승인을 거칩니다. 또, 사용 시 반드시 지출결의서 등 증빙을 첨부해야 합니다. 이런 증빙이 없으면 비용으로 인정하지 않습니다."

김대호 자금 파트 수석 : "월말에는 카드사 청구 내역과 ERP 기록을 대조하고, 결의서에 첨부된 증빙을 검토합니다."

나동제 수석 : "그리고 접대비, 복리후생비 등 비용 계정 분류가 적절한지도 재무팀이 검토해야겠네요."

공영칠 회계사 : "핵심통제를 선정하자면 다음과 같습니다.

- 법인카드 발급·해지 시 CFO 승인(발생사실 확보)
- 카드 사용 건은 지출결의서 등 증빙 첨부 필수(발생사실 확보)
- 월말 카드사 청구 내역 vs ERP 기록 대사(실재성·완전성 확보)
- 비용 분류 검토 및 CFO 승인(측정·공시 확보)

법인카드는 작은 금액이라도 누적되면 크고, 무엇보다 사적 사용 위험이 큰 영역입니다. CFO 승인과 대사 절차가 필수적입니다."

전표 생성 및 일반장부 마감

공영칠 회계사 : "이번에는 회사의 모든 거래가 재무제표에 반영되는 단계, 전표 생성과 장부 마감 프로세스를 살펴보겠습니다. 나 수석님, 여기서 중요한 주장은 무엇입니까?"

나동제 수석 : "전표 마감은 완전성과 측정(정확성)이 핵심입니다. 모든 거래가 빠짐없이 기록되어야 하고, 그 금액이 정확해야 합니다. 보조로는 발생사실, 표시와 공시도 연관됩니다."

WCGW 도출
- 완전성(핵심) : 실제 거래가 전표로 누락되는 위험
- 측정(핵심) : 금액이 잘못 기재되거나, 차·대변 불일치로 오류 발생 위험
- 발생사실(보조) : 존재하지 않는 거래가 전표로 계상될 위험
- 표시와 공시(보조) : 잘못된 계정 분류로 재무제표 왜곡 위험
- 권리와 의무(보조) : 타사 거래를 아이넥사 거래로 잘못 기록할 위험

나동제 수석 : "핵심은 '누락 방지'와 '정확성 확보'네요."

핵심통제 선별

이수정 재무팀장 : "전표 입력은 담당자가 하고, 반드시 팀장 검토와 CFO 승인을 거쳐야 합니다. ERP 시스템에서 차·대변 불일치는 자동으로 막히도록 되어 있습니다."

김미영 회계 파트 수석 : "월말 마감 때는 ERP 전표 집계와 각 부서 제출 자료를 대사합니다. 수익·비용이 기간 배분되어 있는지도 검토하지요."

나동제 수석 : "추가로, 월말·연말 결산조정분은 별도의 체크리스트를 작성해서 CFO 검토를 받으면 완전성과 정확성이 보강될 것 같습니다."

공영칠 회계사 : "핵심통제를 정리하죠.

- 전표 작성 후 팀장 검토 및 CFO 승인(발생사실·측정 확보)
- 전표 입력 시 ERP 자동 차·대변 불일치 차단(측정 확보)
- 월말 ERP 전표 집계 vs 부서자료 대사(완전성 확보)
- 결산조정분 체크리스트 작성 및 CFO 검토(완전성·측정 확보)

전표 생성과 장부 마감은 모든 프로세스의 집약점입니다. 여기서 통제가 무너지면 앞 단계 통제들이 다 무용지물이 될 수 있습니다."

결산 조정 및 재무제표 작성

공영칠 회계사 : "결산 조정과 재무제표 작성으로 넘어갈까요?"

나동제 수석 : "결산 조정은 평가 주장이 핵심입니다. 충당부채 추정, 우발채무 공시 여부 결정, 기간 배분 등 모두 평가와 관련돼 있습니다. 보조적으로는 완전성, 공시, 권리와 의무도 중요합니다."

WCGW 도출

- 평가(핵심) : 충당부채 추정액 오류, 우발채무 미인식, 비용/수익 기간 배분 오류
- 완전성(보조) : 결산 조정사항 누락으로 재무제표가 불완전할 위험
- 표시와 공시(보조) : 충당부채·우발채무 관련 주석 누락 위험
- 권리와 의무(보조) : 아이넥사 책임이 아닌 사건을 부채로 인식할 위험

나동제 수석 : "충당부채와 우발채무가 가장 민감한 영역이구요."

핵심통제 선별

이수정 재무팀장 : "저희는 결산 시 각 부서로부터 미지급비용, 충당부채 관련 자료를 수집합니다. 법무 파트(총무팀)에서는 소송·분쟁 현황을 제

출하고요."

나동제 수석 : "그 자료를 어떻게 검증합니까?"

이수정 팀장 : "재무팀이 추정액 산출 근거를 검토하고, 충당부채는 CFO 승인 후 인식합니다. 우발채무는 중요도 판단 후 주석 공시 여부를 결정합니다."

공영칠 회계사 : "기간 배분은요?"

이수정 팀장 : "비용과 수익의 발생 시기를 검토해 결산 분개를 올리고, CFO 검토를 받습니다."

공영칠 회계사 : "핵심통제를 선정했습니다.
- 각 부서로부터 결산조정 자료 수집 및 재무팀 검토(완전성 확보)
- 충당부채 추정액 산출 및 CFO 승인(평가 확보)
- 우발채무 현황 검토 후 CFO 승인 및 주석 반영(평가·공시 확보)
- 비용/수익 기간 배분 검토 및 CFO 승인(평가 확보)"

나동제 수석 : "이 4가지가 결산 조정의 신뢰성을 보장하는 핵심통제군요."

공영칠 회계사 : "결산 조정은 작은 실수도 재무제표 전체 왜곡으로 이어집니다. CFO 승인과 문서화된 검토 절차가 반드시 필요합니다."

세무조정 및
법인세비용 산정

공영칠 회계사 : "이번에는 법인세비용과 이연법인세 산정 절차를 보겠습니다. 나 수석님, 매핑표 기준으로는 어떤 주장이 핵심인가요?"

나동제 수석 : "법인세와 이연법인세의 핵심 주장은 측정입니다. 세무조정 등이 잘못되면 법인세비용 자체가 왜곡되니까요. 더불어, 이연법인세 자산과 관련해서는 '평가'도 핵심 주장입니다. 보조적으로 완전성, 공시도 연관됩니다."

WCGW 도출

- 측정(핵심) : 세무조정 오류, 과세표준 계산 오류, 세율 적용 오류로 인해 법인세가 잘못 산정될 위험
- 평가(보조) : 이연법인세자산 인식 요건(미래 과세소득 발생 가능성) 검토 오류
- 완전성(보조) : 세무조정 항목 누락 위험
- 표시와 공시(보조) : 법인세 비용, 이연법인세 관련 주석 기재 누락 위험

나동제 수석 : "'세무조정의 정확성', '이연법인세 평가', '공시 완전성'이

핵심이네요."

핵심통제 선별

이수정 재무팀장 : "결산 시 세무조정 계산서를 작성하고, 법인세비용과 이연법인세를 산정합니다. 이건 반드시 CFO 검토를 거칩니다."

나동제 수석 : "이연법인세 자산 인식은 어떻게 검토하나요?"

이수정 팀장 : "향후 과세소득 예상 자료를 근거로, 이연자산 인식 여부를 CFO가 검토합니다. 불확실하면 보수적으로 처리합니다."

공영칠 회계사 : "주석은 어떻게 처리되고 있나요?"

이수정 팀장 : "법인세비용 내역, 유효세율 차이, 이연세금자산/부채 내역을 표로 작성해 CFO 승인 후 공시합니다."

공영칠 회계사 : "핵심통제를 선별하면 다음 4가지입니다.
- 세무조정 계산서 작성 및 재무팀 검토(측정·완전성 확보)
- 법인세비용 산정에 대한 CFO 검토·승인(측정 확보)
- 이연법인세자산 인식 여부 CFO 검토(평가 확보)
- 법인세 관련 주석 작성 및 CFO 승인(공시 확보)

법인세 산정은 오류 하나가 곧 세금 추징이나 재무제표 왜곡으로 이어질 수 있습니다. 그래서 CFO 검토와 주석 공시 절차가 핵심이죠."

공시 및 외부보고

공영칠 회계사 : "이제 마지막 단계, 공시와 외부 보고입니다."
나동제 수석 : "공시 단계에서는 완전성과 표시와 공시가 핵심입니다. 즉, 모든 공시사항이 누락 없이 포함되어야 하고, 회계 기준에 맞게 적절히 표시되어야 합니다. 보조적으로는 권리와 의무, 측정이 뒤따르지요."

WCGW 도출

공영칠 회계사 : "그럼 위험(WCGW)을 정리해보겠습니다.
- 완전성(핵심) : 특수관계자 거래, 우발채무 등 공시 대상 누락 위험
- 표시와 공시(핵심) : IFRS 기준에 맞지 않게 잘못 분류·표시될 위험
- 권리와 의무(보조) : 아이넥사가 책임지지 않아도 될 사항을 잘못 공시할 위험
- 측정(보조) : 공시 금액이 실제와 다르게 산정될 위험

나동제 수석 : "'누락 방지'와 '적정한 표시와 공시'가 가장 중요하군요."

핵심통제 선별

이수정 재무팀장 : "주석은 재무팀이 초안을 작성하고, CFO가 검토합니다. 특수관계자 거래는 각 부서에서 제출받아 취합하지요."

김세훈 영업본부장 : "저희 영업부는 특수관계자와 거래가 있을 경우 반드시 보고서를 작성해서 재무팀에 제출합니다."

나동제 수석 : "법무 파트(총무팀)에서 소송·보증 등 우발채무 현황을 분기마다 제출하는 것도 필요하겠네요."

공영칠 회계사 : "핵심통제는 이렇게 정리하시죠.

- 특수관계자 거래 보고 절차 및 재무팀 취합(완전성 확보)
- 법무 파트(총무팀) 우발채무 현황 제출 및 재무팀 검토(완전성 확보)
- 주석 초안 작성 후 CFO 검토·승인(표시와 공시 확보)

재무제표 자체도 중요하지만, 주석과 공시는 그 못지않게 중요합니다. IFRS는 공시를 '재무제표의 절반'이라고 부를 정도니까요."

나동제 수석 : "정리한 핵심통제를 기반으로, 아이넥사의 공시 체계를 보강해 나가겠습니다."

아이넥사의 프로세스별 핵심주장과
핵심통제 요약

Ep	프로세스	계정&핵심주장	주요 WCGW	핵심통제
1	계약 검토 및 수주관리	영업수익 (발생사실·측정), 매출채권 (실재성·평가)	허위계약, 계약조건 오류, 허위 채권	· 계약 CFO 승인 · ERP-계약서 대조 · 일정 금액 이상 CEO 보고 · 신규 거래처 신용조회
2	프로젝트 수행 및 수익 인식	영업수익 (발생사실·측정), 매출채권 (실재성·평가)	조기 매출 인식, 진행률 오류, 대손 설정 누락	· 진행률 검토 CFO 승인 · 검수서 필수 · 계약자산·부채 검토 · 채권 연령분석·대손 검토
3	청구 및 수금관리	매출채권 (실재성·평가), 현금(실재성)	허위 채권, 회수 미반영, 대손 오류	· 세금계산서 ERP 대조 · 은행-채권 대사 · 대손충당금 검토 · 채권 연령분석 CFO 보고
4	외주용역 구매 및 계약	외주용역비 (발생사실·측정)	허위계약, 단가 오류, 비용 누락	· 신규업체 CFO 승인 · 2개 이상 견적 비교 · 계약서 ERP 첨부·승인 · ERP 미등록업체 차단
5	외주용역 검수 및 채무 인식	외주용역비 (발생사실·측정)	검수 없는 비용 인식, 계약조건 불일치	· 검수서 작성 · 세금계산서-계약서 대조 · ERP 세금계산서 첨부 · 월말 대사

Ep	프로세스	계정&핵심주장	주요 WCGW	핵심통제
6	지급 처리 및 실행	현금(실재성)	무단 지급, 잘못된 계좌 이체	· 지급결의서 승인 · 결의서 없이는 이체 불가 · 신규계좌 CFO 재확인 · 은행-ERP 대사
7	급여 및 복리후생비 산정	급여·복리후생비 (발생사실·측정)	유령 직원 급여, 급여 계산 오류	· 근태기록 승인 · 급여계산서 검토·승인 · 급여총액 증감분 분석 · 인사-ERP 대사
8	급여 지급 및 원천세 신고	현금(실재성), 급여(발생사실)	허위 지급, 원천세 누락, 이체 오류	· 급여지급 결의 CFO 승인 · 은행-ERP 급여 대사 · 원천세 신고 검토 · 급여대장 CFO 검토
9	주식 기준 보상 운영	주식 보상 비용 (측정)	공정가치 오류, 가득기간 배분 오류, 결의 없는 옵션	· 이사회 결의 · 외부평가 CFO 검토 · 비용 인식 검증 · 주석 CFO 검토
10	연구개발 및 무형자산관리	무형자산(평가)	자산화 요건 미충족, 손상검토 오류	· 개발 단계 검토보고서 · 무형자산 계상 CFO 승인 · 손상검토 CFO 승인 · 주석 검토
11	금융자산관리	금융자산(평가)	공정가치 오류, 손상충당금 오류	· 금융자산 취득·처분 CEO 승인 · 증권사 내역 대사 · 평가·ECL CFO 승인 · 공시 검토
12	리스자산 및 부채관리	리스자산/부채 (평가)	할인율 적용 오류, 계약 누락	· 계약서 검토·리스 여부 식별 · 현재가치 계산 CFO 승인 · ERP 자동 인식 · 주석 검토
13	자금 운용 및 조달	현금(실재성)	현금 불일치, 제3자 명의 계좌	· 월말 은행-ERP 대사 · 계좌 개설 CFO 승인 · 일별 자금현황 보고 · 현금성자산 분류 검토

Ep	프로세스	계정&핵심주장	주요 WCGW	핵심통제
14	법인카드 관리	비용계정 (발생사실·측정)	사적 사용, 분류 오류, 비용 누락	· 카드 발급 CFO 승인 · 영수증 필수 첨부 · 카드사-ERP 대사 · 비용분류 CFO 검토
15	전표 생성 및 일반장부 마감	모든 계정 (완전성·측정)	거래 누락, 금액 오류	· ERP 차·대변 자동검증 · 전표 승인 · ERP-부서자료 대사 · 결산조정 체크리스트
16	결산 조정 및 재무제표 작성	충당부채· 우발채무(평가)	충당부채 추정 오류, 우발채무 누락	· 부서자료 수집·검토 · 충당부채 CFO 승인 · 우발채무 검토·공시 · 기간 배분 검토
17	세무회계 및 법인세 산정	법인세· 이연법인세(측정)	세무조정 오류, 이연자산 평가 오류	· 세무조정 계산서 작성·검토 · 법인세 산정 CFO 승인 · 이연자산 인식 검토 · 주석 작성·승인
18	공시 및 외부 보고	특수관계자 거래· 우발채무(완전성· 공시)	공시사항 누락, 잘못된 표시	· 특수관계자 거래 보고 · 법무 파트(총무팀) 우발채무 제출 · 주석 CFO 승인

6장

설계의 효과성 평가
(Walk-through Test)

전환점 – 설계 문서화를 마치고, Walk-through로

아이넥사 본사 회의실

(회의실, 화이트보드에 '설계 문서화 → 설계평가(Walk-through) → 운영평가 → 개선' 순서가 적혀 있다.)

공영칠 회계사: "이제 큰 고비 하나는 넘겼습니다. 통제기술서가 모두 정리됐죠. 이제 다음 단계인 '설계의 효과성 평가', 즉 Walk-through를 어떻게 진행할지 방향을 잡아보려고 합니다."

나동제 수석: "네, 각 프로세스별 통제기술서가 완성됐고, 핵심통제도 구분해놓았습니다. 그런데, 솔직히 이 Walk-through라는 게 '설계 검토'랑은 어떻게 다른 건가요?"

공영칠 회계사: "좋은 질문이에요. 통제기술서 작성이 '책상 위의 설계도'를 만든 것이라면, Walk-through는 그 설계도가 실제 프로세스와 일치하는지 현장에서 따라가보는 절차입니다. 즉, 거래 한 건을 처음부터 끝까지 추적해서, 통제가 설계 의도대로 존재하고 작동할 수 있도록 설계되었는지를 확인하는 겁니다."

이수정 재무팀장: "그럼 일종의 모의운전이군요. 실제 거래를 따라가면서, 문서에 적힌 통제가 정말 그 자리에 있는지를 보는 거네요."

공영칠 회계사 : "맞습니다. 이게 바로 '설계의 효과성 평가'입니다. 내부회계관리제도 평가 기준에서도 명확히 정의되어 있죠. "경영진은 내부회계관리제도가 재무제표의 중요한 왜곡표시를 예방 또는 적시에 적발할 수 있도록 설계되었는지 판단하기 위해, 설계의 효과성을 평가한다." 즉, 평가의 목적은 '이 통제가 있으면 오류나 부정을 막을 수 있는가?'를 확인하는 거예요."

김윤정 상무 : "그러니까 Walk-through는 실제 운영평가처럼 '잘 작동했는가'를 보는 게 아니라, '이 설계가 충분히 예방·적발 능력을 가지고 있는가'를 판단하는 단계군요."

공영칠 회계사 : "정확합니다. 운영평가는 그 다음 단계입니다. 지금은 '설계상 결함이 없는지', '통제의 위치가 맞는지', '책임자와 증적이 명확한지'를 보는 거죠."

나동제 수석 : "그럼 프로세스별로 한두 건씩 샘플을 골라 거래의 시작부터 끝까지 따라가면 되겠네요?"

공영칠 회계사 : "네. 우리가 문서화한 18개 프로세스 전부에 대해 최소 1건씩은 Walk-through를 할 겁니다. 예를 들어, 매출 인식은 견적서 → 계약서 → 검수보고서 → 세금계산서 → 회계전표까지 따라가 보고, 그 과정에서 '매출인식 승인 통제'가 실제로 존재하는지를 확인합니다. 핵심은 '통제의 존재와 설계 적정성'을 입증할 수 있는 증적을 확보하는 겁니다. 전자결재 로그, 시스템 접근제한, ERP 전표 승인 기록 같은 게 전형적인 증적이에요."

김윤정 상무 : "그럼 이건 결국, 우리가 상반기 동안 만든 내부회계관리제도의 설계가 '감사 받을 준비가 되어 있는가'를 점검하는 리허설 같은 거군요."

공영칠 회계사 : "그렇게 이해하셔도 좋습니다. 설계의 효과성 평가를 마

치면, 그 결과를 경영진과 감사에게 보고하고, 하반기엔 실제 운영이 계획대로 이루어지는지를 확인하는 중간평가(운영평가)로 넘어가게 됩니다."

나동제 수석 : (메모하며) "좋습니다. 그럼 이번 주부터 18개 프로세스별 Walk-through 스케줄을 세우고, 각 담당부서와 일정 조율하겠습니다."

공영칠 회계사 : "네, 저도 프로세스별 체크리스트를 준비하겠습니다. 이번 평가의 핵심은 '설계의 존재와 타당성'을 증명하는 겁니다. 이 단계를 탄탄히 해두면, 나중에 운영평가와 외부감사 대응이 훨씬 수월해질 겁니다."

김윤정 상무 : "좋습니다. 그럼 오늘 회의는 이렇게 정리하죠.
- 설계문서화는 완료되었고,
- 이제 Walk-through로 설계의 효과성을 검증한다.
- 결과는 7월 중 보고, 이후 중간평가(운영평가)로 이어진다.
- 수고 많으셨어요. 본격적인 검증 단계로 잘 이어갑시다."

나동제 수석 : "네, 이제부터는 '제도를 만든다'에서 '제도를 검증한다'로 넘어가겠습니다."

Walk-Through 사례 :
계약 검토부터 수금까지의 거래 추적

공영칠 회계사 : "나 수석님, B사 프로젝트계약 건을 샘플로 선정해 계약 체결부터 수금 완료까지 통제 활동의 흐름을 따라가보죠. 재무보고 위험을 감소시키기 위해 설계된 핵심통제가 단일 거래의 전 과정에서 어떻게 작동하는지 확인하는 것이 목표입니다."

계약 검토 및 승인

공영칠 회계사 : "가장 먼저, 무승인 계약을 차단해 영업수익의 발생사실 주장을 보장하는 통제부터 확인해봅시다."

박지현 사업관리팀장(계약·수주 담당) : "저희는 견적서 등록부터 영업본부장, CFO, CEO의 그룹웨어 전자결재 승인을 받습니다. 여기 6월 계약체결 건의 결재 로그를 보시면, 승인 없이는 계약 확정이 불가능하다는 것을 알 수 있습니다."

공영칠 회계사 : "네, 핵심통제가 정상 작동하는군요. 다음으로, 영업수익의 측정 적정성을 보장하는 통제를 확인해봅시다."

박지현 팀장 : "계약조건(단가, 납품 시기 등)과 수익 인식 방식은 반드시 CFO의 검토를 거칩니다. 이 건도 CFO가 '진행률 인식 방식이 적정하다'라는 검토 의견을 문서로 남긴 기록이 그룹웨어에 보관되어 있습니다."

프로젝트 수행 및 수익 인식

공영칠 회계사 : "이제 프로젝트 수행 단계로 넘어가서, 3억 원 계약에 대한 수익 인식의 발생사실과 측정 관련 통제를 추적해봅시다."

이지은 PM(프로젝트 관리) : "계약 후 MS-Project에 프로젝트 코드와 예상 총원가(당초 2억 4천만 원)를 등록했습니다. 저희는 '누적 투입원가 ÷ 총 예상원가' 방식으로 진척률을 산정합니다. 예를 들어, 7월 말 누적투입원가 1억 2천만 원에 따라 50% 진척률, 1억 5천만 원의 수익을 인식했습니다."

공영칠 회계사 : "이 금액이 재무제표에 반영되기 전 통제는 무엇입니까?"

이지은 PM : "산정된 진척률 및 인식수익 자료를 그룹웨어를 통해 CFO에게 보고하고, CFO가 전자결재해야만 ERP에 수익 분개가 반영됩니다. 발생사실은 PM의 보고와 CFO의 검토로 통제됩니다."

공영칠 회계사 : "예상 총원가가 변경되어 측정 오류 위험이 발생할 경우는 어떻습니까? 8월에 총원가를 2억 6천만 원으로 수정한 사례가 있었다고 들었습니다."

이지은 PM : "예상 총원가 변경 시 '프로젝트 변경요청서'를 그룹웨어에 제출하고, CFO와 CEO의 전자결재를 받아야만 수정이 확정되며, 이후 ERP에 반영됩니다. 이는 측정의 정확성을 확보하는 핵심통제입니다."

청구 및 수금관리

공영칠 회계사 : "마지막으로, 청구 및 수금 프로세스입니다. 매출채권의 실재성과 평가 주장에 대한 통제 작동 여부를 확인해봅시다."

김미영 수석(재무팀, 청구·수금담당) : "진척률에 따라 그룹웨어로 세금계산서 발행 요청을 받으면, 재무팀장이 금액과 계약조건을 최종 확인하고 전자결재를 해야만 ERP에서 세금계산서가 발행됩니다. 실재성과 권리 및 의무 관련 허위 청구를 방지합니다."

공영칠 회계사 : "수금 내역은 어떻게 통제됩니까?"

김미영 수석 : "10월 10일 입금된 고객 대금은 자금 파트가 은행 입금 내역을 확인하고, 재무팀장이 은행 입금증과 ERP에 입력된 수금 전표를 대조합니다."

공영칠 회계사 : "매출채권 평가 적정성과 관련된 대손충당금 설정에 대한 통제는 어떻습니까?"

나동제 수석 : "매월 말 자금 파트가 받은 은행잔액증명서를 재무팀이 ERP 현금·매출채권 계정과 대사하고, 차이 발생 시 CFO 서명을 받습니다. 또한, 연체 리스트를 그룹웨어로 생성해서 CFO가 기말에 그룹웨어에서 대손충당금 설정 근거가 되는 연체리스트를 최종 결재함으로써 평가 주장의 왜곡표시 위험을 낮춥니다."

Walk-Through 최종 결과 요약

공영칠 회계사 : "결과를 정리해볼까요? 계약에서 수익 인식 그리고 수금에 이르는 거래의 전 과정에서 발생사실, 측정, 실재성, 평가 등 핵심 경영자 주장에 대응하는 핵심통제(CFO/CEO 승인, 문서 대조, CFO 검토 및 결재)가 효과적으로 설계되어 있다고 판단됩니다."

나동제 수석 : "고생하셨습니다."

보고 미팅
- 내부회계관리제도 설계 효과성 평가 결과 보고

아이넥사 본사 12층 대회의실

나동제 수석 : "오늘은 아이넥사 내부회계관리제도 재설계 이후, 전사 프로세스를 대상으로 실시한 설계 효과성 평가 결과를 보고해드리겠습니다."

박세진 대표이사 : "네, 본격적으로 운영에 들어가기 전에 중요한 단계군요. 시작하시죠."

나동제 수석 : "예. 먼저 평가 범위는 수익·채권, 구매·지출, 인사·급여, 자산관리, 자금, 재무보고 등 모든 주요 사이클입니다. 경영자 주장 매핑에 따라 핵심 위험(WCGW)을 정의하고, 그에 대응하는 핵심통제가 설계되어 있는지를 Walk-through Test로 확인했습니다."

공영칠 회계사 : "결론부터 말씀드리면, 프로세스 전반에서 중대한 설계상의 미비점은 발견되지 않았습니다. 다만 일부 증거력 보강이 필요했습니다. 예를 들어, 외주 검수보고 시 세부 테스트 자료 첨부, 대손충당금 설정 시 외부 신용평가자료 확보, 법인카드 사용 목적의 명확한 기재 등이 개선 포인트로 확인됐습니다."

김윤정 상무 : "즉, 큰 틀에서의 설계 적정성은 확보되었고, 감사 대응력

을 높이기 위해 증빙관리와 독립적 검증을 보완하면 되겠군요."

박정도 감사 : "좋습니다. 설계 단계에서 이런 보완점을 미리 파악한 건 긍정적입니다. 그런데, 실제 운영은 또 다른 문제입니다. 운영 효과성은 언제 점검하실 계획입니까?"

공영칠 회계사 : "네, 맞습니다. 설계평가는 '있어야 할 통제가 제자리에 있는가'를 본 것이고, 이제부터는 '그 통제가 실제로 잘 작동하는가' 즉 운영평가로 넘어가야 합니다. 저희 계획은 중간평가(10월)와 기말평가(2월) 두 차례에 걸쳐 운영을 점검하는 것입니다."

나동제 수석 : "중간평가에서는 샘플링을 통해 실제 운영 증빙을 확인하고, 미비점이 있으면 연말 전에 개선할 수 있도록 피드백할 예정입니다. 기말평가에서는 결산조정과 공시까지 포함해 전체 통제가 효과적으로 작동했는지를 최종적으로 검증하겠습니다."

박세진 대표이사 : "좋습니다. 내년 주주총회에서 자신 있게 내부회계관리제도 운영실태를 보고할 수 있어야죠. 중간평가 때 발견되는 이슈는 반드시 기말 전에 해결하도록 하세요."

박정도 감사 : "경영진에게도 당부드리지만, 내부통제는 '제도만 만들어 놓는 것'이 아니라 '실제로 지켜지는 것'이 핵심입니다. 중간평가에서 나온 개선사항은 감사에게도 즉시 공유해주길 바랍니다."

공영칠 회계사 : "네, 그렇게 하겠습니다. 오늘 보고드린 설계평가 결과는 곧 운영평가로 이어질 기초 자료가 될 것입니다."

나동제 수석 : "정리하면, 설계는 적정하다고 판단되며, 일부 증거력 보강과 보조통제 개선은 기말 전까지 완료하겠습니다. 이어지는 중간평가에서 운영 효과성을 점검하고, 최종적으로 기말평가를 통해 주주총회 보고까지 차질 없이 준비하겠습니다."

내부회계관리제도 설계 효과성 평가 결과
임원 보고 자료

(작성일 : 20XX년 O월 O일)

1. 평가 개요

아이넥사는 20XX년 상반기 중 내부회계관리제도의 재설계 및 구축을 완료했으며, 이에 따라 설계된 통제가 재무보고 목적상 충분히 효과적인지 여부를 검토하기 위해 설계 효과성 평가(Walk-through Test)를 수행함.
본 평가는 내부회계관리제도의 설계가 재무제표의 중요한 왜곡표시를 예방·적발할 수 있도록 적정하게 마련되었는지 여부에 대해 합리적인 확신을 제공하는 것을 목적으로 함.

2. 평가 범위 및 방법

- **평가 대상 :** 아이넥사 18개 업무 프로세스(수익·채권, 구매·지출, 인사·급여, 자산관리, 자금, 재무보고 및 결산 등)
- **관련 계정 :** 영업수익, 매출채권, 외주용역비, 급여, 무형자산, 금융자산, 리스부채 등 주요 계정
- **주요 경영자 주장 :** 발생사실, 실재성, 측정, 평가, 완전성, 표시와

공시

- **평가 방법**
  - 각 프로세스별 통제기술서 검토
  - WCGW(What Can Go Wrong) 시나리오 검토를 통해 통제가 위험에 적절히 대응하는지 점검
  - 표본 거래에 대한 Walk-through Test 수행 (ex. 계약서 → 전자결재 로그 → 증빙 → 회계처리 흐름 확인)

3. 평가 결과 요약

프로세스	관련 계정	핵심주장	핵심통제	Walk-through 결과
1. 계약 검토 및 수주	영업수익	발생사실·측정	그룹웨어 결재 / CFO 검토	설계 적정
2. 프로젝트 수행·수익 인식	영업수익	발생사실·측정	PM 진척률 산정 / CFO 검토	설계 적정
3. 청구 및 수금관리	매출채권	실재성·평가	세금계산서 승인 / 은행 대사	설계 적정
4. 외주용역 구매·계약	외주용역비	발생사실	신규업체 승인 / 계약 법무검토·CEO 서명	설계 적정
5. 외주 검수·채무 인식	외주용역비	발생사실·정확성	검수 다단계 승인 / 세금계산서 대조	설계 적정
6. 지급 처리 및 실행	현금	실재성·권리·의무	지급결의 CFO·CEO 승인 / 은행 대사	설계 적정
7. 급여·복리후생 산정	급여	발생사실·측정	인사등록 승인 / 급여명세 검토	설계 적정
8. 급여 지급·원천세 신고	현금	실재성·완전성	지급결의 CFO·CEO 승인 / 원천세 신고 검토	설계 적정

프로세스	관련 계정	핵심주장	핵심통제	Walk-through 결과
9. 주식 기준 보상 운영	보상비용	측정	이사회 승인 / 외부평가 검증	설계 적정
10. R&D·무형자산관리	무형자산	평가	자산화 위원회 승인 / 손상검토 CFO 결재	설계 적정
11. 금융자산관리	금융자산	평가	투자심의위 승인 / 분기별 평가·ECL 검토	설계 적정
12. 리스자산·부채관리	리스부채	평가	계약 검토 / 최초인식 계산 검토	설계 적정
13. 자금 운용·조달	현금	실재성	신규계좌·대출 CFO/CEO 승인 / 월말 대사	설계 적정
14. 법인카드 관리	비용	발생사실	발급 CFO 승인 / 증빙 검토	설계 적정
15. 전표 생성·장부 마감	모든 계정	정확성·완전성	전표 승인자 분리 / 시산표 검토	설계 적정
16. 결산 조정·재무제표 작성	충당부채 등	평가·공시	법무자문 / 결산조정 체크리스트·CFO 검토	설계 적정
17. 세무회계·법인세 산정	법인세	측정	세무조정 검토 / 외부 세무자문 확인	설계 적정
18. 공시 및 외부 보고	특수관계자거래	완전성·공시	리스트 CFO 결재 / 공시자료 CFO 검토·이사회 승인	설계 적정

4. 주요 개선 권고

- 일부 프로세스에서 증빙 보강 필요

  (예 : 외주 검수 시 테스트 결과 첨부, 대손충당금 설정 시 외부 신용평가자료 확보, 법인카드 사용 목적 기재 강화 등)

- 문서화·패키지관리 강화
  지급, 계약, 주식 보상 등 증빙을 패키지(PDF 통합)로 보관 → 감사 대응력 제고
- 독립적 검증 절차 확대
  분기별 카드 사용 표본검토, 무형자산 손상검토 시 외부 시장자료 활용, 공시 점검 체크리스트 도입

5. 결론

아이넥사의 내부회계관리제도는 전사 18개 프로세스에 걸쳐 핵심 경영자 주장에 대응하는 핵심통제가 설계되어 있으며, Walk-through Test 결과 중대한 설계상 미비점은 식별되지 않음. 다만 일부 통제에 대해 증거력 보강 및 독립적 검증 절차가 필요하므로, 기말평가 이전에 권고사항을 반영해 운영 효과성을 확보하는 것이 바람직함.

7장

통제 운영의 시작과 중간평가 준비

"자, 이제는 무엇을 해야 하나?"

아이넥사 회의실, 내부회계관리 파트 사무실

나동제 수석 : "공 회계사님, 드디어 설계 업데이트랑 Walk-through는 다 끝났습니다. 이제 남은 건 중간평가부터인데… 앞으로 일정이 빡빡하네요."

공영칠 회계사 : "맞습니다. 이제부터는 운영 효과성을 입증하는 단계가 시작됩니다. 정리해 드리면,

1. 7~9월 통제 운영
2. 10월 중간평가(운영의 효과성 평가), 외부감사인의 중간감사
3. 10~12월 미비점 개선 및 통제 운영
4. 2월 기말평가 및 운영실태보고서 작성
5. 2월 말~3월 초 외부감사인의 내부회계감사
6. 3월 중순 이사회 보고
7. 3월 말 주주총회 보고… 이 흐름을 놓치면 안 됩니다."

나동제 수석 : "중간평가에서는 저희 경영진이 직접 운영테스트를 하고, 외부감사인은 그걸 검토하는 거죠?"

공영칠 회계사 : "네, 그렇습니다. 경영진은 주요 통제에 대해 운영테스

트를 계획하고, 테스트 절차서에 따라 샘플링해서 테스트를 진행한 후 증적을 남겨야 합니다. 외부감사인은 중간감사 때, 그 자료를 보고 '적정성'을 검토하죠. 그리고, 외부감사인도 직접 샘플링을 해서 테스트를 진행합니다. 여기서 미비점이 발견되면 바로 10월부터 보완 작업에 들어가야 하고요."

나동제 수석 : "개선 활동은 어떤 방식으로 준비해야 할까요?"

공영칠 회계사 : "중간평가에서 나온 미비점은 크게 2가지로 나뉩니다.
- 개별 통제 수준 문제 : 예를 들어 '계좌현황관리' 통제에서 검증 서명 누락
- 전사적 수준 문제 : 경영진 검토 통제가 형식적이거나, IT 일반통제 미흡 등

각각에 대해 '재설계 → 재운영 → 재테스트'까지 마무리해야 합니다. 중요한 것은, 12월 말까지 반드시 재테스트 증적을 남기는 것입니다."

나동제 수석 : "결국, 2월 기말평가 땐 개선된 통제까지 포함해서 전체적으로 다시 점검하는 것이군요?"

공영칠 회계사 : "네. 기말평가는 결산·공시 프로세스까지 포함해서 종합적으로 보는 절차입니다. 2월 중순 결산이 끝나면, 즉시 기말평가를 수행해야 합니다. 경영진 운영실태보고서 초안을 2월 말까지 작성해서 외부감사인과 공유할 수 있도록 준비해야 합니다."

나동제 수석 : "외부감사인은 3월 초순까지 내부회계와 재무제표 감사를 통합해 마무리하겠죠?"

공영칠 회계사 : "맞습니다. 그래서 2월 말까지 준비된 평가자료가 중요합니다. 운영실태보고서, 테스트 증적, 개선결과 보고, 주요 계정별 경영자 주장과 통제 연계표까지 깔끔하게 정리해야 해요."

나동제 수석 : "그리고 3월 중순에는 이사회 보고, 3월 말엔 주총 보고군

요. 결국 우리가 만드는 '운영실태보고서'가 핵심 문서네요."

공영칠 회계사 : "맞습니다. 외부감사인의 감사보고서와 경영진 보고가 나란히 이사회와 주총에 제출됩니다. 보고가 부적정으로 나가면 시장에 큰 신호를 주게 되니, 소홀히 하면 안 됩니다."

나동제 수석 : "정리하면, 지금부터 제가 준비해야 할 것은
   1. 중간평가용 테스트 절차서와 샘플링 계획 수립,
   2. 개선 활동 트래킹을 위한 '미비점관리대장' 마련,
   3. 2월 기말평가 시점에 대비한 통합 증적 파일링 체계 구축… 이 3가지네요."

공영칠 회계사 : "잘 잡으셨습니다. 제가 보기엔 '타임라인관리'가 제일 중요합니다. 외부감사인이 기말감사를 위해 들어오는 2월 말부터는 사실상 시간 여유가 없습니다. 그러니 12월 안에 미비점 개선과 재테스트를 반드시 끝내야 합니다."

나동제 수석 : "네, 알겠습니다. 공 회계사님. 이제 진짜 '운영'의 시즌이네요. 설계는 끝났으니, 이제는 전사가 운영에 힘쓸 차례군요."

공영칠 회계사 : "그렇습니다. 이제부터가 진짜 승부처입니다."

테스트 절차서 개요
- 운영의 효과성을 어떻게 증명할 것인가?

나동제 수석 : "그런데 '운영의 효과성 평가'는 단순히 서류를 확인하는 게 아니라 실제로 통제가 돌아갔는지를 입증하는 것이라…. 생각보다 어려울 것 같습니다."

공영칠 회계사 : "그렇죠. 설계는 계획의 문제지만, 운영은 '행동의 증거'입니다. 가이드라인에서도 명확히 말하죠. '경영진은 내부회계관리제도가 설계된 대로 운영되고 있는지를 판단하기 위해 운영의 효과성을 평가한다.' 즉, 계획이 아니라 '실행'을 입증해야 합니다."

김윤정 상무 : "저희 평가 대상은 전사통제와 거래수준 통제 모두 포함되는 거죠?"

공영칠 회계사 : "네. 전사통제(윤리·조직·ITGC 포함)와 프로세스별 통제(매출, 매입, 급여 등 18개 프로세스)를 함께 봐야 합니다. 다만 위험 수준에 따라 테스트의 범위, 방법, 시기가 달라집니다."

테스트 방법 – "확신 수준이 달라진다"

나동제 수석 : "가이드라인에서는 테스트 방법을 '질문, 관찰, 문서검사, 재수행' 4가지로 구분하고 있더군요. 그런데 저희처럼 문서화 중심의 회사는 재수행까지는 과한 것 아닐까요?"

공영칠 회계사 : "그건 통제의 위험 수준과 문서 증거의 존재 여부에 따라 다릅니다. 가이드라인에서는 이렇게 정의합니다."

테스트 방법	특징	확신 수준	비고
질문(Inquiry)	담당자에게 수행 여부 확인	낮음	단독으로 사용 불가
관찰(Observation)	통제 수행 장면을 직접 관찰	중간	질문보다 높은 확신
문서검사(Inspection)	승인서, 결재문서, 전표 등 증빙 검토	높음	가장 일반적 방법
재수행(Reperformance)	평가자가 직접 통제를 반복 수행	매우 높음	가장 높은 수준의 확신 제공

공영칠 회계사 : "즉, '재수행'은 확신 수준이 가장 높지만, 중소기업은 모든 통제에 재수행을 할 필요는 없어요. 가이드라인에서도 '중소기업의 경우 위험이 높지 않은 프로세스는 재수행을 생략하고 질문, 관찰, 문서검사 위주로 실시할 수 있다.' 그러니까 아이넥사는 통제위험이 높은 영역, 예컨대 수익 인식, 지급, 결산 정도만 재수행을 넣으면 될 것 같습니다."

나동제 수석 : "결국 위험 기반 접근이군요. 문서로 충분히 입증 가능한 통제는 문서검사 중심, 사람이 직접 수행하는 통제는 질문·관찰 병행, 회계추정이나 결산분개 같은 고위험 통제는 재수행 포함. 이렇게 나눠야겠네요."

공영칠 회계사 : "좋은 접근입니다. 그리고 2가지 이상의 테스트 방법을 조합하면 더 높은 확신을 얻을 수 있습니다. 예를 들어, '결재승인 통제'는 결재문서(문서검사) + 담당자 인터뷰(질문)를 함께 쓰는 식으로요."

샘플링 범위 – "표본의 크기가 확신의 깊이를 결정한다"

나동제 수석 : "그런데 현실적으로는 표본 몇 개를 봐야 하는지가 고민입니다. 예를 들어 월별 통제면 몇 달치, 분기별이면 몇 개월분을 봐야 하나요?"

공영칠 회계사 : "좋은 질문이에요. 그게 바로 가이드라인에서 제시하는 '테스트 범위' 부분입니다. '통제의 빈도가 많아질수록 표본 위험이 증가하므로, 테스트의 범위는 넓어진다.' 즉, 빈도가 높을수록 더 많은 표본을 봐야 한다는 뜻이죠."

그는 화이트보드에 간단한 표를 적었다.

허용가능오류를 0개로 기대하는 경우의 모집단별 테스트 표본 개수 예시

통제활동 빈도	모집단 개수	표본수	사례
연간	1	1	법인세 산정검토
분기	4 이하	2	분기별 결산검토
월간	12 이하	2~4	월별 대사, 급여검증
주간	52 이하	5~10	주간 지출결의 검토
일간	250 이하	15~40	은행잔액 대사
하루에 한번 이상	250 초과	25~60	

공영칠 회계사 : "이건 단순한 예시지만, 핵심은 위험이 높을수록, 중요도가 높을수록 표본을 늘려야 한다는 거예요. 예컨대 '은행잔액 대사'는 매일 이뤄지지만 오류 리스크가 크다고 판단되면 표본수를 증가시키는 것이 적절하겠죠."

나동제 수석 : "통제위험이 낮은 내부관리 통제, 예를 들어 월별 복리후

생비 결재는 2~3건만으로도 충분하겠네요?"

공영칠 회계사 : "그렇죠. 다만 중요한 계정, 예를 들어 수익·매출채권·결산분개 같은 '핵심재무제표 항목'에 직접 연결되는 통제는 표본을 늘려야 합니다. 그리고 자동통제의 경우에는 ITGC가 효과적으로 작동했다면 한두 건만으로도 충분하죠."

나동제 수석 : "그럼 표본선정 기준도 문서화해야겠네요. 나중에 외부감사인이 '이 표본은 왜 이걸 골랐냐'고 물어볼 테니까요."

공영칠 회계사 : "맞습니다. 표본선정 근거, 위험수준, 모집단 범위, 선정일자 등을 샘플링 근거표(Sampling Basis Sheet)로 남겨야 합니다."

테스트 계획 수립 – "테스트 방법 + 범위 + 시기 + 문서화"

공영칠 회계사 : "테스트 계획서에는 최소한 다음이 포함되어야 합니다.
- 테스트 대상 통제 및 관련 재무제표 주장
- 테스트 방법(질문·관찰·문서검사·재수행 중 선택 또는 조합)
- 테스트 범위(표본 수 및 선정 근거)
- 테스트 수행자 및 검토자
- 테스트 수행 시기(중간·기말 구분)
- 예외사항 발생 시 처리 방식"

나동제 수석 : "예외사항이 나오면요? 예를 들어 검수확인서 누락 같은 경우는?"

공영칠 회계사 : "가이드라인에서 명시돼 있죠. 예외사항은 추가 조사 및 재테스트 대상이 됩니다. 즉, Fail이면 즉시 개선 후, 개선된 통제의 운영 Evidence를 다시 확인해야 합니다. 그래서 중간평가에서 Fail이 나와도, 기말평가 전까지 재수행으로 보완할 수 있습니다."

운영의 효과성 테스트 절차서
템플릿 구성

공영칠 회계사 : "평가 및 보고 가이드라인을 검토하면서 원칙은 어느 정도 정리된 것 같네요. 이제는 그 원칙을 아이넥사 현실에 맞게 녹여서, '운영의 효과성 테스트 절차서'를 작성할 차례입니다."

나동제 수석 : "각 프로세스별 핵심통제는 이미 정의되어 있으니까, 이번 절차서는 '어떻게 테스트할 것인가'를 통일된 틀로 정리해야겠네요."

김윤정 상무 : "좋아요. 절차서가 일관되어야 중간평가 때도, 외부감사 때도 혼선이 없을 겁니다. 테스터들이 달라도 동일한 기준으로 증빙을 수집할 수 있게 해야 합니다."

공영칠 회계사 : "그렇죠. 통제가 100개든 10개든, 결국 '테스트 절차의 품질'이 평가의 신뢰도를 결정합니다."

테스트 절차서 기본 구조 확정

공영칠 회계사가 테스트 절차서의 예시를 띄워서 보여준다.

공영칠 회계사 : "테스트 절차서의 필수 구성 항목을 기준으로 표준 템플릿으로 만들면 됩니다. 예를 들어 '지급결의서 승인' 통제를 테스트할 때는 이렇게 기입하죠."

항목	내용
통제명	지급결의서 승인
테스트 목적	허위 지급 방지 및 지급 적법성 확보
테스트 방법	문서검사 + 인터뷰
테스트 범위	1~9월 지급건 중 3건 표본
수행자	재무팀 박현지 / 검토자 : 나동제
필요 증빙	지급결의서, 전자결재 로그, 계좌이체 내역
판단 기준	모든 건 승인흐름 정상 → Pass / 승인 누락 → Fail

나동제 수석 : "이런 식으로 각 핵심통제별 절차를 일괄 정리하면 되겠 군요. 문서검사 중심, 질문 병행, 재수행은 고위험 프로세스 한정으로 적용."

공영칠 회계사 : "네, 맞아요. 가이드라인에 따라 질문은 단독 불가, 문서 검사와 관찰 또는 재수행을 병행해야 합니다."

샘플링 원칙 재확인 – "표본이 너무 적으면 확신도 얕다"

나동제 수석 : "그럼 표본 개수는 프로세스별로 다르게 두죠. 월 단위 통 제는 3건, 분기 단위는 2건, 연 1회 통제는 전수 테스트."

공영칠 회계사 : "좋습니다. 추가로 표본 선정 근거를 남겨야 합니다. 가 이드라인에 보면 이렇게 되어 있죠. '테스트 범위는 경영진이 판단한 확 신의 수준(Level of Assurance)에 따라 조정 가능하다.' 즉, 중요성이 높을수 록 표본을 늘려야 해요."

나동제 수석 : "이를테면, 통제 위험 등급을 A, B, C 3단계로 나누고, A 급 통제는 표본 5건, B급은 3건, C급은 2건 정도로 설정하면 현실적일 것 같습니다."

공영칠 회계사 : "좋네요. 그럼 표본추출 기준표도 절차서에 넣읍시다.

테스트 수행자는 이 기준을 보고 표본을 추출하고, 그 근거를 샘플시트에 남기면 됩니다."

문서화 및 증빙관리

공영칠 회계사 : "테스트 절차서는 문서도 중요하지만, 추적 가능성도 중요합니다. 어떤 표본을 테스트했는지, 그 표본의 근거와 결과가 어디에 저장되어 있는지를 명확히 남겨야 해요."

나동제 수석 : "그래서 테스트 결과표와 증빙폴더 구조를 통일하려고 합니다. 예를 들어 /ICFR_Test/Process06_Payment/Test_2025Q3/ 식으로 관리하고, 각 표본별로 결재로그, 전표, 인터뷰 메모를 PDF로 저장하는 방식으로요."

공영칠 회계사 : "완벽합니다. 나중에 외부감사인이 '이 통제는 어떤 증거로 Pass했는가'를 물을 때 그 폴더 링크만 보여줘도 되겠네요."

예외사항 처리 방식

나동제 수석 : "만약 Fail이 발생하면, 그건 운영 실패인가요, 아니면 단순 문서 누락인가요?"

공영칠 회계사 : "좋은 질문입니다. 가이드라인에 이렇게 나와 있습니다. '테스트 계획에는 예외사항이 어떻게 조사되고, 언제 추가적인 테스트가 수행될 것인지 포함해야 한다.' 즉, 예외가 발생하면 ⑴ 원인분석 → ⑵ 즉시 개선 → ⑶ 재테스트의 순서를 밟습니다."

나동제 수석 : "그럼 저희는 Fail을 두 종류로 분류하죠. ① 단순 증빙(문서) 미비형 예외 - 보완 가능, ② 운영실패형 예외 - 개선 후 재테스트 필요"

공영칠 회계사 : "좋아요. 그 구분은 평가보고서에도 그대로 반영됩니다. 외부감사인도 그걸 기준으로 '지속적 개선 의지'를 평가하죠."

테스트 절차서
작성하기

공영칠 회계사 : "오늘은 아이넥사 내부회계관리제도 운영평가 중 첫 번째 항목, '계약 검토 및 수주관리' 프로세스의 운영 효과성 테스트 절차서를 설계해봅시다. 이 프로세스는 수익 인식의 출발점이에요. 계약이 잘못되면, 뒤에 있는 매출 인식부터 채권 회수까지 전부 왜곡됩니다."

나동제 수석 : "네, 그래서 이 테스트는 단순한 서류확인이 아니라, 실제 계약의 흐름이 제대로 통제되었는지 추적해야 합니다. 특히, 계약이 체결될 때 CFO 승인, ERP 등록, 신용조회 등의 통제가 실제로 작동했는지를 증빙으로 보여줘야겠죠."

공영칠 회계사 : "그렇습니다. 우리가 보려는 건 '절차가 존재했는가'가 아니라, '절차가 실행되었는가'입니다."

테스트 대상 통제 식별

나동제 수석 : "설계 문서상 핵심통제는 4가지입니다.
- 계약체결 시 CFO 승인
- ERP 계약 등록과 계약서 원본 대조
- 일정 금액 이상 계약의 CEO 보고
- 신규 거래처 신용조회 및 CFO 승인"

공영칠 회계사 : "이 4개 통제 각각에 대해 테스트 목적과 방법을 정의해 봅시다. 가이드라인에서 요구하는 4가지 방법 - 질문, 관찰, 문서검사, 재수행 중 어떤 것을 적용할지요."

통제명	테스트 목적	테스트 방법	확신 수준
계약체결 시 CFO 승인	허위계약 방지 및 수익 발생사실 검증	문서검사 + 인터뷰	중~높음
ERP 등록과 계약서 대조	수익 측정 정확성 확보	문서검사 + 재수행	높음
일정 금액 이상 계약의 CEO 보고	무단계약 방지	문서검사	중간
신규 거래처 신용조회 및 승인	회수불능 방지	문서검사 + 질문	중간

공영칠 회계사 : "'질문'은 단독으로는 확신을 주지 못하니, 반드시 문서 검사나 재수행과 병행해야 합니다. 예를 들어 ERP 등록 통제는 실제 계약서 원본과 ERP 데이터의 금액·납기·고객명을 비교해야 해요."

표본 선정 논의 – "모든 계약을 다 볼 순 없으니"

나동제 수석 : "그럼 표본은 몇 건 정도로 보시나요? 저희는 3분기까지 총 42건의 신규계약이 있었습니다."

공영칠 회계사 : "계약체결은 '월 단위 통제'로 볼 수 있습니다. 가이드라인에 따르면 월 1회 빈도 통제는 2~4개의 표본을 보게 되어 있어요. 다만 아이넥사의 매출규모와 위험수준을 고려하면 3건 정도면 적절할 것 같습니다."

나동제 수석 : "그럼 표본추출 기준은요? 무작위인가요, 아니면 금액순인가요?"

공영칠 회계사 : "2가지를 섞습니다. 중요계약(매출 규모 상위 1건), 중간 규

모 1건, 소규모 1건. 이렇게 해서 표본의 대표성을 확보합시다."

나동제 수석 : "선정 근거는 샘플시트에 '중요도 기준+금액 기준'으로 기록하겠습니다. 추출일자, 금액, 담당자 이름도 함께 기입해서 나중에 추적이 가능하도록 하죠."

테스트 절차 설계

공영칠 회계사 : "그럼 구체적인 테스트 절차를 정리해볼까요?"

테스트명	수행내용	증빙	판단 기준
CFO 승인 검증	표본계약서 확인 → 결재라인에 CFO 서명(또는 전자승인 로그) 존재 확인	계약서, 전자결재 로그	승인 누락 시 Fail
ERP 등록 대조	계약서의 금액·납기·고객명을 ERP계약정보와 비교	ERP 스크린샷, 계약서 사본	일치하지 않을 시 Fail
CEO 보고 검증	일정 금액 이상 계약이 보고 대상인지 확인 후 보고문서 검토	보고결재 문서	보고 누락 시 Fail
신용조회 확인	신규 거래처의 신용조회 기록 및 CFO 승인 검토	거래처등록신청서, 신용조회 결과	조회 누락 시 Fail

나동제 수석 : "그럼 각 테스트 수행자와 검토자도 지정하겠습니다. 재무팀 이외의 평가자를 지정해서 문서검사 수행, 저는 검토 및 예외처리 검토자로 명기하죠."

공영칠 회계사 : "좋아요. 그렇게 해야 독립성 요건을 충족합니다."

예외 처리 및 문서화

공영칠 회계사 : "만약 테스트 중 Fail이 발생하면, 즉시 원인 파악 및 재테스트 계획을 수립해야 합니다. 예를 들어 CFO 승인 서류가 없으면,

실제로 결재가 누락된 건인지, 단순히 문서 보관이 안 된 건인지를 구분해야 하죠."

나동제 수석 : "그럼 테스트 절차서에는 '예외사항 처리 프로세스'도 넣겠습니다. Fail → 원인분석 → 개선조치 → 재테스트, 이 순서로."

공영칠 회계사 : "좋습니다. 마지막으로, 테스트 결과는 증빙파일 경로까지 함께 기록합시다. '예 : /ICFR_Test/Process01_Contract/2025Q3/Sample1_ContractApproval.pdf' 이런 식으로요."

공영칠 회계사 : "오늘 설계한 테스트 절차서는 아이넥사의 운영테스트 전체를 여는 첫 문이 될 겁니다. 이 프로세스가 제대로 관리되고 있다는 것을 입증하면, 수익 인식에 대한 신뢰도도 한층 올라갈 거예요."

나동제 수석 : "이번엔 단순히 규정을 확인하는 게 아니라, 증거로 말하는 평가네요. '계약이 있었다'가 아니라 '승인받고, 등록되고, 보고되었다'는 걸 보여주는 것이니까요."

공영칠 회계사 : "맞습니다. 아이넥사의 내부회계는 이제 문서로만 존재하지 않습니다. 우리가 테스트를 통해 그 통제가 실제로 '살아 있음을' 입증하는 겁니다."

이후 두 사람은 각 부서 관계자들의 도움을 받으며, 개별 업무 프로세스에 대한 테스트 절차서를 하나씩 완성해나갔다.
며칠 후, 나동제 수석은 노트북 화면을 돌려 보여줬다.
'아이넥사 운영효과성 테스트 절차서 v1.0'-
프로세스 1부터 18까지, 핵심 통제별 테스트 목적·방법·범위·증빙이 일목요연하게 정리된 문서였다.

공영칠 회계사 : (미소지으며) "이제 이 절차서가 아이넥사의 운영평가 바

이블이 될 겁니다. 각 테스터는 이 절차서를 기준으로 Evidence를 모으고, Pass/Fail을 판단하면 되는 겁니다."

전사통제
테스트 절차서 작성

아이넥사 본사 회의실, 전사통제 점검회의

공영칠 회계사 : "나동제 수석님, 이제 개별 프로세스 테스트는 어느 정도 틀이 잡혔습니다. 하지만 내부회계관리제도에서 가장 중요한 기반은 전사통제예요. 톤 앳 더 탑(Tone at the Top)이 확보되어야 전체 통제가 힘을 발휘합니다. 자, 하나씩 짚어보죠."

나동제 수석 : "네, 회계사님. 저도 전사통제는 추상적이라 어려운데… 테스트 절차는 어떻게 잡아야 하는지 궁금합니다."

공영칠 회계사 : "첫 번째는 윤리규범과 행동강령입니다. 임직원이 모두 연례 서약을 하고 교육을 받았는지 확인해야 해요. 테스트는 문서검사로 서약서를 직접 확인하고, 임직원 몇 명을 무작위로 인터뷰해서 실제로 이해하고 있는지도 질문합니다."

윤지현 인사팀장 : "저희가 작년에 전 직원 서약서를 받았는데, 몇 명이 누락된 게 있었어요. 올해는 100% 수거했습니다. 교육 참석 기록도 보관 중이고요."

나동제 수석 : "그럼 테스트 시기와 범위는 어떻게 되나요?"

공영칠 회계사 : "연 1회, 보통 1월에 전체 임직원 중 표본을 뽑아 확인

하면 됩니다. 서약 누락이 발견되면 바로 재교육과 재서약 절차로 보완해야 하고요."

공영칠 회계사 : "두 번째는 이사회·감사(위원회) 보고입니다. 내부회계관리 운영현황을 분기마다 보고했는지, 의사록이 남아 있는지 점검하죠."

나동제 수석 : "보고 체계는 갖춰져 있습니다. 다만 간혹 보고서가 일정에 맞춰 안 올라올 때가 있었어요. 앞으로는 누락되지 않도록 하겠습니다."

공영칠 회계사 : "좋습니다. 이 부분은 테스트 방법이 문서 검사와 질문이에요. 의사록, 보고서 확인과 함께 감사님께 실제 감독활동이 이뤄졌는지 여쭤보는 것이죠."

나동제 수석 : "경영진 모니터링 활동은 어떻게 보나요? 저희 CFO는 월간 KPI 보고를 받고 있기는 합니다."

공영칠 회계사 : "그게 세 번째 핵심통제입니다. CFO가 KPI와 리스크 관리 보고서를 검토했는지, 서명이나 결재 기록이 있는지를 확인하면 됩니다. 무작위로 몇 달 치 보고서를 뽑아 테스트하죠. 누락이 발견되면 CFO 서명을 추가로 받아야 하고요."

공영칠 회계사 : "마지막은 내부감사 기능입니다. 감사께서 반기마다 주요 리스크를 점검하고, 그 결과를 경영진과 이사회에 보고했는지 확인합니다."

박정도 감사 : "반기마다 보고서를 작성해서 이사회에 제출합니다. 다만, 가끔 서면 보고로 대체했는데, 그것도 증빙이 될까요?"

공영칠 회계사 : "네, 다만 서면 보고는 이사회의사록에 첨부되어야 적정 증빙으로 인정됩니다. 그 부분만 보완하면 충분합니다."

나동제 수석 : "정리해보면, 전사통제 테스트 절차는 ① 윤리규범 서약 및 교육, ② 이사회·감사(위원회) 보고, ③ 경영진 KPI·리스크 모니터링, ④ 내부감사 보고 이 4가지를 중점적으로 점검하면 되는 거군요."

공영칠 회계사 : "맞습니다. 이 4가지는 전사통제 핵심통제로 반드시 테스트해야 합니다. 다른 보조활동들은 설계 존재 증빙만 있으면 되고요."

박정도 감사 : "좋습니다. 감사도 이 테스트 결과를 중간점검에 반영하겠습니다. 나동제 수석님, 잘 준비해주시죠."

나동제 수석 : "알겠습니다. 회계사님 말씀대로 체크리스트를 만들어서, 중간평가 때 바로 활용할 수 있게 정리하겠습니다."

ITGC
테스트 절차서 작성

공영칠 회계사 : "나동제 수석님, 아이넥사는 대기업처럼 크고 복잡한 ERP를 쓰지 않으니까 ITGC 테스트도 현실에 맞게 접근해야 합니다. 표준화된 범용ERP, 인사관리 SaaS, 그리고 구글 드라이브/엑셀 기반 자료가 핵심 시스템이겠죠?"

나동제 수석 : "맞습니다. IT팀이 따로 없고, 최성호 총무팀장께서 총무와 IT까지 다 같이 맡고 있습니다. 그래서 더더욱 전사통제에 비해 ITGC를 어떻게 테스트해야 하는지 감이 잘 안 옵니다."

최성호 총무팀장(IT겸직) : "제가 권한관리랑 데이터 백업도 겸직으로 하고 있는데, 외부감사에서 어떤 것을 중점으로 보실지 알려주시면 준비하겠습니다."

접근권한관리

공영칠 회계사 : "첫 번째는 접근권한관리입니다. 아이넥사는 범용 ERP 프로그램, 인사관리 SaaS, 그리고 구글 드라이브가 주요 시스템이니,
- 사용자 등록/삭제 기록
- 퇴사자 계정 즉시 폐쇄 여부를 확인해야 합니다.

테스트는 문서검사로 사용자 목록과 퇴사자 명단을 대조하고, 표본 몇

명 계정으로 실제 로그인 권한이 살아 있는지 확인하는 겁니다."
최성호 팀장 : "저희는 퇴사자 계정을 더존과 구글 워크스페이스에서 바로 삭제합니다. 계정 삭제 로그를 보여드리겠습니다."

시스템 변경관리

공영칠 회계사 : "2번째는 시스템 변경관리인데, 아이넥사는 자체 개발이 없으니 범위가 좁습니다. 대신,
- 범용ERP/인사 SaaS의 버전 업그레이드 알림
- 사용자 권한 변경 요청(예 : 급여 모듈 접근 권한 부여)이 적정하게 승인되었는지가 중요하죠.

테스트는 권한 변경 요청 메일이나 결재 기록을 표본으로 뽑아 확인하면 충분합니다."

나동제 수석 : "대기업처럼 변경요청시스템이 따로 있는 건 아니죠. 그럼 메일·전자결재 기록으로 충분히 커버 가능하겠네요."

운영관리(백업·복구)

공영칠 회계사 : "세 번째는 백업·복구관리입니다. 아이넥사는 자체 서버가 없으니까,
- 더존, 인사 SaaS는 클라우드 제공업체 SLA(Service Level Agreement)
- 구글 드라이브는 구글 자체 백업 기능에 의존하죠.

테스트는 서비스업체의 백업·복구 정책 확인과 분기별 샘플 파일 복구 테스트를 하는 방식으로 진행할 수 있습니다."

최성호 팀장 : "맞습니다. 저희가 직접 DB를 백업하지는 않지만, 구글 드라이브에서 삭제 파일 복구 기능을 이용해서 테스트해볼 수 있습니다."

로그 모니터링

공영칠 회계사 : "마지막은 로그 모니터링입니다. SAP처럼 전표 수정 로그가 자동 기록되지는 않지만, 사용하고 계신 범용 ERP에서 생성·수정 이력을 뽑을 수 있습니다.

- 매월 수정·삭제 로그 보고서 출력
- 표본 전표를 재검증이 필요합니다.

구글 드라이브 접근로그도 확인해서 외부인이 자료를 무단 열람하지 않았는지 점검해야 합니다."

나동제 수석 : "범용 ERP환경에서도 결국 로그는 다 남으니까, 매월 출력해서 결재 서명을 남기겠습니다."

공영칠 회계사 : "정리하면 아이넥사의 ITGC 테스트는

1. 접근권한관리 - 사용자 등록/삭제 기록과 퇴사자 계정 점검
2. 시스템 변경관리 - 권한 변경 승인 메일, SaaS 업데이트 기록 확인
3. 백업·복구관리 - SaaS 제공업체 정책 검토 + 샘플 파일 복구테스트
4. 로그 모니터링 - ERP/구글 드라이브 로그 출력, 전표 수정 내역 확인

이 4가지를 현실적인 방식으로 테스트하면 충분합니다."

나동제 수석 : "네, 대기업 ERP와 달리 아이넥사는 테스트 방법이 단순해졌네요. 중간평가 때 이 방식으로 준비해보겠습니다."

최성호 팀장 : "저도 자료를 정리해서 두 분께 공유해드리겠습니다."

"테스터는
누가 맡아야 하지?"

아이넥사 회의실 – 내부회계관리제도 운영평가 테스터(TF) 구성 회의

김윤정 상무 : "나동제 수석님, 이제 운영평가를 시작해야 하는데… 인원이 딱 1명이라 쉽지 않겠죠?"

나동제 수석 : "맞습니다. 통제가 프로세스별로 18개, 핵심통제만 해도 70개가 넘는데… 제가 다 하면 사실상 자가평가가 됩니다. 평가자로서 독립성 문제가 생기고, 현실적으로도 시간 내에 불가능합니다."

공영칠 회계사 : "네, 보고 및 평가 가이드라인에서도 이 부분을 말하고 있죠. '경영진은 일반적으로 평가 대상 통제로부터 독립된 위치에 있는 자를 평가자로 지정한다.' 즉, 통제 수행자와 평가자는 분리되어야 한다는 원칙입니다."

독립성의 원칙과 현실의 간극

공영칠 회계사 : "하지만 아이넥사 같은 중소기업은 내부통제 전담부서가 없기 때문에, 예외조항을 적용할 수 있습니다. '중소기업은 독립적인 평가 수행이 어려운 경우 통제업무 담당자가 평가를 수행할 수 있다.' 다만, 위험이 높은 통제는 독립적인 부서나 외부 전문가가 검토해야 한

다고 명시돼 있습니다."

나동제 수석 : "결국 고위험 통제만이라도 독립된 시각에서 이중검토가 필요하다는 거군요."

공영칠 회계사 : "그렇습니다. 모든 테스트를 외부나 다른 부서에 맡길 필요는 없지만, 적어도 수익 인식, 결산조정, 세무조정, 지급통제 같은 핵심통제는 자기 부서가 아닌 곳에서 수행해야 합니다."

김윤정 상무 : "그럼 방법은 2가지겠네요. 내부에서 TF를 만들어 교차테스트를 하거나, 일부 고위험 통제만 외부 전문가(예 : 공 회계사님) 검토로 보완하거나."

TF 방식 논의 – "교차평가로 독립성과 실효성을 잡자"

나동제 수석 : "저는 TF 방식이 가장 현실적이라고 봅니다. 각 부서에서 1명씩 차출해서 자기 부서가 아닌 프로세스를 맡기면 독립성도 어느 정도 확보되고, 실무 이해도도 살릴 수 있죠."

공영칠 회계사 : "그건 좋은 접근입니다. 가이드라인에도 언급되어 있습니다. '경영진은 내부회계관리제도의 독립적인 평가를 위해 평가 시점마다 임시조직(TF팀 등)을 구성할 수 있다.' 즉, 아이넥사처럼 상시 조직이 없는 경우에는 TF 구성이 가장 바람직한 방식이에요."

김윤정 상무 : "좋습니다. 각 부서 실무자들이 참여하면 오히려 통제 이해도도 올라가겠네요.

공영칠 회계사 : "단, 테스트 결과의 객관성을 유지하려면 TF 구성 시 몇 가지 원칙이 필요합니다."

공영칠 회계사는 화이트보드에 다음의 원칙을 썼다.

원칙	설명
독립성 유지	테스트 대상 부서와 다른 부서 인원이 평가 수행
교차테스트	각 부서가 서로의 프로세스를 테스트(회계팀 ↔ 인사팀, 구매팀 ↔ 영업팀 등)
위험기반 접근	고위험 프로세스(수익, 지급, 결산)는 교차평가, 저위험 프로세스는 자기부서 평가 허용
내부회계관리팀 검증	나동제 수석이 표본선정, 테스트 절차 검토, 결과 리뷰를 통해 품질관리
외부전문가 보완	결산, 세무 등 고위험 통제에 대해 공영칠 회계사가 검토 절차 수행

공영칠 회계사 : "이렇게 하면 TF가 수행한 테스트라도 내부회계관리팀이 품질을 관리하고, 외부 전문가가 일부 절차를 보완하는 3단계 검증체계가 완성됩니다."

나동제 수석 : "그럼 실제 인원은 재무팀, 총무팀, 인사팀, 영업본부에서 각 1명씩 차출하면 되겠네요."

공영칠 회계사 : "좋습니다. 그리고 가이드라인의 보완절차를 그대로 적용하죠."

보완절차	아이넥사 적용 방식
테스트 절차의 적정성 확인	나동제 수석이 TF 테스트 절차, 표본 개수 검토
일부 문서검사 및 재수행	공영칠 회계사가 주요 프로세스(매출, 결산) 재확인
표본 직접 선정	내부회계관리팀이 테스트 모집단과 샘플을 직접 전달

나동제 수석 : "프로세스별로 나눠보면,
- 영업·계약 관련은 인사팀에서,
- 지급 및 자금 관련은 총무팀에서,
- 급여·세무는 재무팀이,
- 결산·공시는 외부전문가가 검토하는 식으로 배정하면 균형이 맞겠

네요."

공영칠 회계사 : "좋아요. 각자 자기 일은 아니지만, 아이넥사의 다른 부서를 점검하면서 시야가 넓어질 겁니다. TF 참여자는 평가자가 아니라 '내부 감사 역할'을 잠시 수행한다고 보면 됩니다."

김윤정 상무 : "그럼 TF 명단은 이렇게 하죠."

구분	평가자	소속	담당 프로세스	독립성	비고
TF 리더	나동제 수석	내부회계 관리 파트	전체 관리·검토	고	품질관리, 샘플선정
평가자1	박현지 선임	재무팀	인사·급여 통제	중	교차테스트
평가자2	이도윤 선임	총무팀	자금·지급 프로세스	중	교차테스트
평가자3	송지혁 수석	인사팀	매출·수주 프로세스	중	교차테스트
외부검토	공영칠 회계사	외부전문가	결산·세무·공시	고	재수행 및 품질 검증

나동제 수석 : "이렇게 구성하면 내부 독립성은 확보하면서도 현실적인 운영이 가능하겠네요."

공영칠 회계사 : "맞습니다. 아이넥사 수준에서는 이것이 가장 이상적인 구조예요. 전사적으로 위험기반, 독립성, 실현 가능성을 모두 충족하니까요."

김윤정 상무 : "좋아요. 이 TF 체계로 가죠. 결국 내부회계관리제도라는 것은 '우리 스스로를 검증할 수 있는 힘'을 키우는 거니까요."

공영칠 회계사 : "그렇습니다. 아이넥사는 인원이 적지만, 교차테스트 구조로 독립성을 확보하고, 내부회계관리팀이 품질을 관리하며, 외부전문가가 핵심을 보완하는 삼중방어체계를 갖추게 된 겁니다."

나동제 수석 : "좋습니다. 이제 운영테스트 계획서에 TF 명단과 평가자별

역할분담표를 첨부하겠습니다. 테스터들도 단순한 참여자가 아니라, 아이넥사의 통제문화를 함께 만드는 구성원으로 인식되도록 하겠습니다."

공영칠 회계사 : "바로 그것입니다. 통제의 품질은 문서가 아니라 태도에서 시작하니까요."

8장

중간평가
그리고 외부감사

중간평가(운영의 효과성 평가) 수행

20XX년 10월, 아이넥사 중간평가 주간

아이넥사의 회의실에는 커피향 대신 긴장감이 감돌았다. 테이블 위에는 '운영의 효과성 평가 - 중간평가 주간'이라고 적힌 표지와 함께, 각 평가자별 테스트 절차서가 한 세트씩 놓여 있었다.

나동제 수석 : "이번 주는 아이넥사의 내부회계관리제도에 있어 가장 중요한 주간입니다. 우리는 이제 '문서로 설계된 통제'가 실제로 살아서 작동하고 있는지를 입증해야 합니다."

그의 앞에는 3명의 TF 평가자가 앉아 있었다. 재무팀의 박현지, 총무팀의 이도윤, 인사팀의 송지혁. 이들은 각자 자기 부서가 아닌, 다른 부서의 프로세스를 테스트해야 했다.

공영칠 회계사 : "오늘부터 여러분은 단순한 실무자가 아닙니다. '평가자(Tester)'로서, 아이넥사의 통제가 실제로 운영되고 있는지 직접 검증해야 합니다. 중요한 건 '누가 했다'가 아니라, '증거가 있는가'입니다."

그 말에 TF 전원은 고개를 끄덕였다.

송지혁 수석 – 매출·수주관리 프로세스

송지혁 수석은 인사팀 소속이지만, 이번엔 매출·수주관리 프로세스 관련 통제평가를 맡았다. 그는 영업본부의 계약체결, 승인, ERP 등록 과정을 검증해야 했다.

- 테스트 절차서에는 다음의 내용이 적혀 있었다.
- 테스트 목적 : 수익의 발생사실 및 측정의 적정성 검증
- 테스트 방법 : 문서검사 + ERP 재수행
- 표본 : 3건(중요계약 1건, 중규모 1건, 반복거래 1건)

그는 영업팀의 계약폴더를 열어 계약서 원본과 ERP 계약정보를 대조했다. 7월 대형수주는 완벽하게 결재흐름이 잡혀 있었고, 금액도 ERP와 일치했다. 그러나 9월 거래의 계약서는 스캔본만 존재하고 원본은 별도 보관 중이었다.

송지혁 수석 : "음… 통제 실패는 아니지만, '증빙 보관'은 통제의 일부인데. 이건 개선권고로 남겨야겠네."

그는 테스트 결과표에 이렇게 적었다. '계약서 원본 보관 미흡(스캔본만 존재) – 운영은 되었으나 보완 필요.'

다음 항목은 진행률 검토 절차였다. ERP상 프로젝트 진척률 입력일자와 검수보고서를 비교하니 모든 항목이 일자 기준으로 일치했다.

송지혁 수석 : "좋아, 실재성과 발생사실은 모두 확보됐어. 아이넥사 영업팀 통제는 꽤 체계적이군."

그는 증빙파일을 PDF로 정리해 폴더에 업로드했다.

폴더명 : /ICFR_Test/Process01_Contract/20XXQ3/송지혁_결과.pdf

이도윤 선임 – 자금 및 지급 프로세스
총무팀의 이도윤 선임은 자금 운용 및 지급 프로세스쪽 테스트를 맡았다. 이 프로세스는 재무팀이 관리하는 영역이었고, 그는 평소 '요청하는 입장'에서 이번에는 '검증하는 입장'으로 바뀐 셈이었다.

이도윤 선임 : "평소엔 내가 보통 승인이나 결제요청자였는데, 이번에는 OTP 로그를 검증해야 하네. 묘한 기분이야."

그의 테스트 절차서는 이렇게 시작했다.
- 테스트 목적 : 지급결의 승인 및 이체 실행의 적정성 검증
- 테스트 방법 : 문서검사 + 시스템 로그 대조
- 표본 : 3건(7~9월 주요 지급 건)

첫 번째 표본 - 외주업체 용역비 지급. 지급결의서에 CFO 서명과 전자승인 로그 모두 존재했다. ERP의 지급일자, 금액, 계좌번호도 은행 내역과 정확히 일치했다.
두 번째 표본 - 임시경비 지급. 승인로그는 있으나, ERP 전표의 계좌정보가 실제 송금 계좌와 다소 달랐다.

이도윤 선임 : "계좌정보가 결재선 수정 전 버전으로 남아있네…. 승인 절차는 있었지만, 최신정보 반영이 안 된 셈이군."

그는 결과를 'Fail(부분)'로 표시했다.

'지급결의 승인 있음. 단, 수정계좌 반영 미비로 ERP상 결재 내역 불일치'

이도윤 선임은 바로 재무팀에 원인확인 메일을 발송했다.

'ERP 전표 수정 시 결재정보 자동갱신 기능이 미작동된 것 같습니다. 시스템 보완 여부 검토 바랍니다.'

이도윤 선임 : "이런 게 바로 통제가 살아있다는 증거지. 문제가 드러난다는 것은, 우리가 '보는 눈'을 갖게 됐다는 뜻이니까."

박현지 선임 – 급여 및 복리후생 프로세스

재무팀의 박현지 선임은 인사·급여 프로세스의 통제 평가를 맡았다. 그녀의 책상 위에는 급여대장, 근태자료, 결재로그가 쌓여 있었다. 테스트 절차서에는 다음과 같이 적혀 있었다.

- 테스트 목적 : 급여 산정 및 지급의 적정성 검증
- 테스트 방법 : 문서검사 + 관찰
- 표본 : 7~9월 급여 지급 내역 각 1건

7월, 8월 급여대장에는 인사팀장의 전자결재 로그가 있었다. 그러나 9월 자료에서는 서명란이 비어 있었다.

박현지 선임 : "결재 없는 급여대장이라니… 이건 운영 실패야. 퇴사자 반영 지연과 맞물린 오류일 수도 있겠군."

그녀는 인사팀에 확인 메일을 보냈다.

'9월 급여대장 결재라인 누락 및 퇴사자 반영 지연 건 관련 사유와 향후 개선조치 회신 바랍니다.'

인사팀으로부터 돌아온 답변은 이랬다.

'당시 인사시스템 업그레이드 과정 중 자동승인 로그 누락. 현재는 승인 흐름 정상화 완료.'

그녀는 결과를 'Fail(운영 미흡)'로 표시했다.

'결재 누락 1건. 자동승인 시스템 오류로 인한 일시적 미비. 시정 완료 확인됨.'

박현지 선임은 평가 메모를 남겼다.

'이번 건은 단순 오류지만, 근태·급여 데이터 연동 검증 로직을 추가할 필요 있음.'

공영칠 회계사 – 결산·세무·공시 검토(외부전문가)

공영칠 회계사는 외부전문가 자격으로 결산, 세무, 공시 프로세스 관련 통제의 운영 효과성 테스트를 수행했다.

공영칠 회계사 : "결산통제는 재무보고 전체를 떠받치는 근간이에요. 실제 결산분개 승인과 재무제표 검토 절차가 제대로 작동하는지 봐야 합니다."

그는 재무팀쪽에서 제출한 표본(결산조정분개 3건)을 하나씩 점검했다. 각 분개에는 산출근거, 검토서명, CFO 전자결재가 모두 존재했다. 세무조정 검토표에서는 세무조정 내역과 법인세 계산서가 일치했으며, 이연법인세 회수 가능성 검토표도 CFO 검토서명이 포함되어 있었다.

공영칠 회계사 : "좋습니다. 아이넥사의 세무회계는 소규모 기업 치고는 매우 정제되어 있군요. 특히 과세표준 산정과 이연법인세 검토 절차가 잘 문서화되어 있습니다."

그는 다음으로 공시 항목을 확인했다. 특수관계자 거래 내역이 DART 제출본과 ERP 데이터 모두 일치했다. 다만, 윤리서약서 일부가 미갱신 상태였다.

공영칠 회계사 : "이건 전사통제 영역이지만, '윤리규범 서약'도 공시 관련 항목에 포함됩니다. 다음 연례교육 때 전 직원 서명을 동시에 받도록 해야겠네요."

그는 결과를 'Pass(보완 필요사항 있음)'로 남겼다.

나동제 수석 – 총괄 검토와 연결 분석

TF 평가자들이 회의실에 모였다. 테이블 위에는 각자의 테스트 결과표와 증빙파일이 가지런히 놓여 있었다.

나동제 수석 : "테스트 진행하시느라 고생 많으셨습니다. 이제 우리 아이넥사의 첫 운영평가 결과를 요약하겠습니다."

스크린에 노트북 화면을 공유했다.

프로세스	평가자	결과	예외사항	조치
매출·수주	송지혁	Pass	계약서 원본 보관 미흡	서식관리 보완
자금·지급	이도윤	Pass(부분)	계좌정보 수정 반영 미비	ERP 자동갱신 기능 개선
급여·복리후생	박현지	Fail(부분)	결재 누락 1건	자동승인 시스템 개선
결산·세무·공시	공영칠	Pass	윤리서약 갱신 지연	교육 시 일괄 서명

공영칠 회계사 : "전체적으로 매우 양호합니다. 이번 Fail은 통제 부재가 아니라 운영 미흡 수준, 즉 통제 설계는 살아 있고, 일시적으로 실행이 약화된 경우죠."

이도윤 선임 : "이번 과정을 겪으니 통제라는 게 단순히 결재 받는 일이 아니라, '흐름을 지키는 약속'이란 것을 느꼈습니다."

박현지 선임 : "맞아요. 저도 처음엔 테스트가 단순 체크리스트인 줄 알았는데, 직접 검증해보니 '내 업무를 객관화하는 일'이더군요."

나동제 수석 : "그래서 이번 중간평가는 아이넥사 내부통제의 자기진단 훈련이었습니다. 이제 우리는 단순히 '보고용 통제'를 넘어 '작동하는 통제'를 갖게 된 겁니다."

공영칠 회계사 : "좋습니다. 이 결과를 바탕으로 기말평가와 외부감사 대

응을 준비합시다. 운영평가는 결함을 찾는 게 목적이 아니라, 회복력을 키우는 과정이에요."

이렇게 아이넥사는 테스터 배정안과 역할 분담표를 기반으로, 테스터가 핵심통제를 수행하고, 나동제 수석이 Reviewer로 총괄 검토하는 방식으로 운영효과성 중간평가를 진행했다. 그 결과, 독립성과 신뢰성을 확보한 테스트 결과표가 작성될 수 있었다.

"중간평가
결과를 내놓다"

아이넥사 회의실

공영칠 회계사, 나동제 수석, CFO 김윤정 상무, 박정도 감사가 참석

나동제 수석 : "각 부서 테스터와 외부 자문이 참여해 18개 프로세스와 전사통제, ITGC까지 중간평가를 완료했습니다. 결과표를 공유해드리겠습니다."

중간평가 결과표(요약본)

프로세스	주요 핵심통제	테스트 결과	예외사항	시정/보완 조치
1. 계약 검토 및 수주관리	계약승인 절차, 진행률 검토	Pass	없음	-
2. 프로젝트 수행 및 수익 인식	검수확인 절차, 계약자산 대사	Pass	일부 프로젝트 진행률 문서화 미흡	검토 체크리스트 서식 보완
3. 청구 및 수금 관리	수금 대사, 대손충당금 검토	Pass	연체채권 보고 지연	보고 주기 월→주 단위로 단축
4. 외주용역 구매 및 계약	외주업체 등록, 발주서 검토	Pass	없음	-

항목	주요 통제	결과	발견사항	조치
5. 외주용역 검수 및 채무 인식	검수확인, 비용 인식 승인	Fail(부분)	검수서 2건 누락 발견	재무팀 사후 검증 추가
6. 지급 처리 및 실행	지급결의서 승인, OTP 권한 분리	Pass	없음	-
7. 급여 및 복리후생비 산정	인사정보 등록, 급여계산 검증	Pass	퇴사자 1인 반영 지연	HR 시스템 자동 연동 개선
8. 급여 지급 및 원천세 신고	급여이체 승인, 원천세 신고	Pass	없음	-
9. 주식기준보상 운영	공정가치 평가 검토, 회계처리 검증	Pass	없음	-
10. 연구개발 및 무형자산관리	자산화 승인, 손상검토	Pass	R&D 자산화 서식 미통일	표준 양식 마련
11. 금융자산관리	공정가치 평가, ECL 검토	Pass	없음	-
12. 리스자산 및 부채관리	리스계약 검토, 후속 측정	Pass	없음	-
13. 자금 운용 및 조달	은행잔액 대사, 차입금 승인	Pass	없음	-
14. 법인카드관리	증빙 검토, 법인카드 대사	Pass	일부 영수증 스캔 지연	제출기한 3일 내로 강화
15. 전표 생성 및 장부 마감	전표 권한 분리, 총계정원장 대사	Pass	없음	-
16. 결산 조정 및 재무제표 작성	충당부채 검토, 재무제표 작성 검토	Pass	없음	-
17. 세무회계 및 법인세 산정	세무조정 검토, 과세표준 검토	Pass	없음	-
18. 공시 및 외부 보고	특수관계자 검토, 주석 검토	Pass	없음	-
19. 전사통제	윤리규범, 내부통제 보고	Pass	임직원 윤리 서약 갱신 지연	연례교육 시 동시 서명 실시
20. ITGC	접근권한 검토, 백업검증	Pass	퇴직자 ID 삭제 지연	삭제 주기 → 주 단위로 강화

박정도 감사 : "대부분 통제가 적정하게 운영되고 있군요. 다만 외주검수에서 누락 사례가 발견된 점은 유념해야겠습니다."

공영칠 회계사 : "네, Fail로 표시한 부분은 중대한 왜곡표시 위험과 직결될 수 있기 때문에 반드시 개선 조치 후 재테스트가 필요합니다. 다행히 이번 건은 단순 절차 누락이라 시스템·매뉴얼 개선으로 충분히 해결이 가능합니다."

김윤정 상무 : "예외사항에 대한 시정조치 계획은 이미 수립했습니다. 이번 중간평가에서 드러난 약점은 기말평가 전에 모두 보완하겠습니다."

나동제 수석 : "각 프로세스별 보완 조치를 제가 추적관리하겠습니다. 기말평가 때는 예외사항이 재발하지 않도록, 전사 차원의 개선을 확실히 해두겠습니다."

이렇게 아이넥사의 운영효과성 중간평가는 독립성 문제를 극복한 테스터 배정 구조 덕분에 원활히 진행되었으며, 다음을 통해 기말평가 전에 충분히 보완할 수 있는 기반이 마련되었다.

- 대부분의 핵심통제는 적정하게 운영(=Pass)
- 일부 프로세스(특히 외주검수, 연체채권, 퇴사자 급여 등)에서 예외사항 발생
- 개선조치 계획과 추적관리 체계를 마련

11월 외부감사인
중간감사 미팅

아이넥사 본사 회의실

임정민 회계사(외부감사인, 지민회계법인 파트너) : "오늘은 저희가 11월 중간감사를 위해 방문했습니다. 아이넥사 내부회계관리제도의 설계와 운영이 실제로 효과적으로 작동하는지 직접 확인하고자 합니다. 저희가 감사보고서에 독립적인 의견을 내야 하기 때문에, 단순히 귀사의 자체평가 결과를 수용할 수는 없고, 교차 검증 절차를 수행할 겁니다."
김윤정 상무 : "네, 저희도 그 부분을 충분히 인지하고 있습니다. 6월에 설계평가를 끝냈고, 10월에 중간 운영평가를 실시했습니다. 내부평가 결과와 보완계획을 공유해드리겠습니다."
공영칠 회계사 : "내부회계관리제도는 단순히 '감사 대비용'이 아니라, 회사의 재무보고 신뢰성을 지키는 기반입니다. 오늘 회의에서 그 관점이 잘 전달되기를 기대합니다."

내부평가 결과 공유
나동제 수석이 준비한 자료를 회의실 스크린에 띄운다.

나동제 수석 : "총 72개의 핵심통제에 대해 테스트를 진행했습니다. 69건은 정상 운영(Pass)으로 판정했고, 1건은 Fail, 2건은 경미한 개선 필요사항이었습니다. Fail 사례는 프로세스 5, 외주용역 검수 단계에서 검수확인서 2건 누락이었고, 경미한 사례는 진행률 체크리스트 서명 누락, 법인카드 영수증 스캔 지연입니다."

박지연 회계사(외부감사인, 인차지) : "검수확인서 누락이라면, 비용이 실제 발생했는데도 검수 문서가 빠졌다는 의미인가요? 아니면 문서 미비로 인해 허위 비용이 계상될 위험이 있었다는 건가요?"

나동제 수석 : "실제 용역은 제공되었고 비용도 적정하게 계상됐습니다. 다만 검수 문서가 즉시 ERP에 반영되지 않아, 외부에서 볼 때는 통제 미비로 인식될 수 있는 상황이었습니다."

정유나 회계사(외부감사인) : "이런 경우는 내부통제 설계 자체는 적절하나 운영이 일시적으로 제대로 작동하지 않은 '운영상 예외'에 해당됩니다. 기말까지 개선조치 Evidence가 필요합니다."

임정민 회계사(외부감사인) : "외부감사인 입장에서는 운영상 예외가 반복될 경우, '유의한 미비점(Significant Deficiency)' 또는 심하면 '중요한 취약점(Material Weakness)'으로 판단할 수 있습니다. 아이넥사는 코스닥 상장사로서 내부회계관리제도 감사 대상이기 때문에, 이 부분은 상당히 민감합니다."

김윤정 상무 : "그래서 저희는 즉시 보완 조치를 실행했습니다. ERP 검수 모듈과 전표 입력을 자동 연계했고, 검수 프로세스 담당자에 대한 교육도 실시했습니다."

공영칠 회계사 : "여기에 더해, 기말평가 때는 개선된 프로세스를 재테스트할 계획입니다. 외부감사인도 재검토하시면 보완조치 효과를 확인하실 수 있을 겁니다."

박지연 회계사(외부감사인) : "좋습니다. 말씀드린 대로, 저희는 귀사 내부평가 결과를 그대로 인정하지 않고, 표본을 다시 뽑아서 독립적으로 재테스트를 진행하겠습니다. Fail 케이스뿐만 아니라, 경미한 사항도 일정 비율을 샘플링해서 확인하겠습니다."

전사통제와 ITGC 논의

정유나 회계사(외부감사인) : "전사통제와 ITGC 결과도 공유 부탁드립니다. 특히 아이넥사처럼 ERP 대신 중소기업형 시스템(엑셀+간단한 회계시스템)을 쓰는 경우, 접근권한관리와 백업 검증이 중요합니다."

나동제 수석 : "전사통제는 윤리규범 준수 서약 갱신이 일부 지연된 사례가 있었지만, 연례교육 시 동시 서명을 도입해 개선했습니다. ITGC에서는 퇴직자 계정 삭제가 다소 늦어진 사례가 있었고, 이 부분은 삭제 주기를 월 단위에서 주 단위로 강화했습니다."

박지연 회계사(외부감사인) : "좋습니다. 중소기업 환경에서는 복잡한 ERP 통제가 없기 때문에 오히려 사람이 직접 수행하는 통제가 중요합니다. 저희는 HR 자료와 계정관리 로그를 직접 대조해 확인하겠습니다."

향후 절차와 역할 조율

임정민 회계사(외부감사인) : "저희 외부감사 절차는 다음과 같습니다.
 1. 내부 운영평가 내역 및 결과 문서화 검토
 2. 독립적인 표본 재테스트 수행
 3. Fail/예외 사례에 대한 보완조치 여부 확인
 4. 기말감사에서 최종 의견 반영

11월 중순까지 중간감사를 마치고, 12월 결산 이후 기말감사 시 기말 운영평가와 연계해 최종 의견을 내겠습니다."

공영칠 회계사 : "내부평가팀은 증빙자료를 준비하고, 외부감사인의 추가 요청사항에도 신속히 대응할 수 있도록 해야 합니다. 외부감사와 내부운영평가가 따로 노는 게 아니라, 서로 맞물려 돌아가야 합니다."

나동제 수석 : "네, 제가 각 프로세스별 개선사항을 추적관리하고 있습니다. Fail과 예외사항은 매주 개선 현황을 업데이트해서, 기말평가 전에 완벽히 보완하겠습니다."

김윤정 상무 : "이번 중간감사에서 드러난 부분은 회사 차원에서도 중요하게 다루겠습니다. 외부감사인이 기말에 '적정' 의견을 낼 수 있도록, 내부적으로도 전사적 지원을 아끼지 않겠습니다."

회의가 끝난 뒤, 나동제 수석은 회의실 밖에서 공영칠 회계사에게 조용히 말했다.

나동제 수석 : "외부감사인의 눈높이는 역시 높네요. 저희가 '경미하다'고 생각한 것도 다 확인하려고 하니 부담이 큽니다."

공영칠 회계사 : "맞아요. 내부회계관리제도 감사는 검토와는 다른 수준의 확신을 요구하죠. 하지만 그 과정을 통해 아이넥사의 내부회계관리제도가 한 단계 성숙하는 겁니다. 이번 기말평가까지 잘 마무리하면, 회사의 신뢰도도 크게 높아질 겁니다."

9장

기말평가
(운영의 효과성 평가)

기말
운영평가

아이넥사 회의실, TF의 재소집

2월의 아침, 눈 녹은 물이 창가를 타고 흐르고 있었다. 아이넥사의 내부회계관리 TF가 다시 한자리에 모였다. 테이블 위에는 '기말 운영평가'가 놓여 있었다.

나동제 수석 : "자, 여러분. 이번에는 '결산 이후'입니다. 작년 10월 중간평가에서 보완한 통제들이 실제로 개선되었는지, 그리고 기말 결산 관련 통제들이 효과적으로 작동했는지를 검증합니다."

공영칠 회계사 : "기말평가의 핵심은 중간평가 이후 개선된 통제의 재테스트와 기말 결산 관련 통제의 적정성 검증입니다. 이를 통해 통제가 끊기지 않고 작동했다는 증거를 확보하고 내부회계관리제도의 효과성에 대한 결론에 이르는 것입니다."

나동제는 노트북 화면을 회의실 스크린에 띄웠다. 각 프로세스별 테스터 배정표와 샘플링 계획표가 정리되어 있었다.

송지혁 수석 – "매출의 증거를 찾아서"

송지혁 수석은 영업본부 서버를 열어 4분기 계약 검토 자료를 하나씩 확인하고 있었다. 그는 인사팀 소속이지만, 여전히 '매출 프로세스' 담당 평가자였다. 이번 테스트는 중간평가 때 개선된 계약서 보관 절차의 재검증이었다.

송지혁 수석 : "이번엔 원본계약서가 모두 있는지부터 봐야죠. 스캔본만으로는 운영의 완전성을 증명할 수 없으니까요."

그는 11월, 12월에 체결된 계약 중 3건을 무작위로 샘플링했다. 모두 CFO 전자결재 완료와 원본계약서 사본 첨부가 되어 있었다. ERP 시스템의 계약번호와 파일 경로가 일치하는 것도 확인되었다.

송지혁 수석 : "좋네요. 지난번 보완사항이 완벽히 반영됐네요. 이제 검수확인 절차도 한번 보죠."

그는 프로젝트별 '진행률 검토표'를 확인하며 진행률, 검수보고서, 수익인식 내역을 대조했다. 12월 프로젝트의 검수보고서에는 서명 날짜가 결산 전일인 12월 28일로 기록되어 있었다. 즉, 기말 수익 인식 시점이 정확히 반영된 것이다.

송지혁 수석 : (결과 기록) "모든 샘플 통제 정상 작동. 문서검사 및 재수행 결과, 통제운영의 일관성 확보."

이도윤 선임 – "자금의 흐름을 검증하라"

총무팀의 이도윤 선임은 자금운용 및 지급 프로세스 테스트를 맡았다. 그는 ERP 잔액과 은행명세서를 대조하며, 중간평가에서 발견된 계좌정보 자동갱신 문제가 개선되었는지를 확인해야 했다.

이도윤 선임 : "이번엔 ERP 시스템이 자동으로 결재정보를 업데이트해야 합니다. 이게 안 되면, 승인로그가 실제 송금과 불일치하죠."

그는 11월 외주업체 지급건, 12월 임시비용 지급건을 표본으로 삼았다. ERP 전표의 계좌정보가 결재라인 변경 후에도 자동 갱신되어 있었고, 모든 건에서 CFO 전자서명이 확인됐다.

이도윤 선임 : "좋아, 완벽하군요. IT 보완 이후 자동통제가 정상 작동 중이에요."

그는 이어 은행잔액 대사 통제도 점검했다. 12월 말일 기준, ERP 현금계정 잔액과 은행 잔액이 완벽히 일치했다. 잔액 대사표에는 재무팀과 CFO의 서명도 있었다.

이도윤 선임 : (테스트 결과) "모든 샘플 통제 정상 작동. 수동통제와 IT 통제의 결합 효과 양호. 개선사항 재발 없음."

박현지 선임 – "인사·급여 통제의 연동"

재무팀의 박현지 선임은 인사·급여 프로세스를 맡았다. 지난 중간평가에서 발견된 '퇴사자 반영 지연'과 '결재누락' 문제의 개선 여부가 핵심이었다.

박현지 선임 : "이번엔 HR시스템과 급여대장이 자동 연동된다고 했죠. 진짜 그런지 보자고요."

그녀는 12월 급여대장 파일을 열었다. 근태 및 인사정보가 자동으로 반영되어 있었고, 퇴사자는 급여대장에서 자동 제외되어 있었다. 또한, 인사팀장의 전자결재 로그도 완벽히 남아 있었다.

박현지 선임 : "좋아요. 완전 개선됐어요. 이제는 사람 손보다 시스템이 더 정확하네요."
박현지 선임 : (테스트 기록) "모든 표본 통제 정상 작동. 운영 안정화 완료."

공영칠 회계사 – "결산의 중심에서"

공영칠 회계사는 외부전문가로서 결산·세무·공시 프로세스(16~18)의 운영 테스트를 담당했다. 결산 후 1주가 지난 시점으로, CFO와 CEO 검토가 모두 완료된 재무제표 초안이 준비되어 있었다.

공영칠 회계사 : "결산분개, 충당부채, 세무조정, 주석 공시. 이 4가지가 기말평가의 핵심입니다."

그는 결산분개 3건을 표본으로 재검토했다. 모두 CFO 전자결재 로그와 검토기록이 남아 있었고, 충당부채 산정표에는 회계팀 검토 흔적이 명확했다.

다음은 이연법인세 검토표.
공영칠 회계사는 일시적 차이 항목을 무작위로 재수행했다. 그 결과, 계산식과 세율 적용이 모두 적정했으며, 이연법인세 자산 회수 가능성 검토는 실제 영업이익 추정치와 연계되어 있었다.

공영칠 회계사 : "좋아요. 이건 외부감사인의 검증 수준에도 부합합니다. 아이넥사는 이제 '감사대응 가능한 내부통제 수준'에 도달했다고 판단됩니다."

마지막으로 공시통제를 검증했다. 특수관계자 거래 주석, 우발채무 내역, 법인세비용 구성표가 모두 DART 제출본과 일치했다. 다만, 전사윤리서약의 서명 갱신이 아직 일부 진행 중이었다.

공영칠 회계사 : "서명 미갱신자 3인. 다만 연례교육에서 보완 예정. 운영은 정상."

나동제 수석 – "운영평가의 결론"

나동제 수석은 모든 평가자의 테스트 결과를 수합했다. 그는 각 평가자의 문서검사 및 재수행 근거를 확인하며, 운영의 일관성, 보완 통제의 효과, 독립성 유지 여부를 검토했다.

구분	프로세스	결과	예외사항개선
매출·수주	Pass	계약서 보관 개선	완료
자금·지급	Pass	ERP 자동갱신 정상 작동	완료
급여·법인카드	Pass	자동연동 및 스캔 절차 개선	완료
결산·세무·공시	Pass	윤리서약 일부 미갱신	진행 중
전사통제·ITGC	Pass	권한 삭제 주기 단축	완료

나동제 수석 : "좋습니다."

회의 마무리

나동제 수석 : "오늘까지 확인한 바에 따르면, 기말 운영평가에서 중요한 취약점이나 유의한 미비점은 발견되지 않았습니다. 중간 때 지적된 부분도 잘 개선됐고요. 모든 통제가 정상 운영되고 있습니다. 이제 아이넥사의 내부회계관리제도는 '설계→운영→검증'의 완결구조를 갖췄다고 판단됩니다."

공영칠 회계사 : "이제 남은 것은 외부감사 대응입니다. 우리가 확보한 증거는, 감사인의 테스트와 거의 동일 수준이에요. 이 정도면 '신뢰받는 내부통제'라고 할 수 있습니다."

박현지 선임 : "수석님, 그럼 이제 최종 보고서를 정리해서 경영진에게 보고하면 되겠네요."

나동제 수석 : "맞습니다. 오늘 논의한 결과를 바탕으로 기말 운영평가 보고서를 작성하겠습니다."

아이넥사 내부회계관리제도 기말 운영평가 결과표(요약)

프로세스	핵심통제 항목	테스트 대상기간	테스트 수행 방법	예외사항/미비점	최종평가
매출 인식	매출 거래 승인 및 계약 검토 (신규 고객·계약서 승인)	10~12월	표본계약 검토, 승인서류 점검	없음	적정
매출 인식	출고 기준 매출 인식 Cut-off 검토	10~12월, 기말	출고·송장 vs ERP 매칭, 기말 12/31 인근 거래 검토	없음	적정
매출채권	대손충당금 검토 및 경영진 승인	12월말	대손추정 근거, 회수 이력, 경영진 승인 확인	없음	적정

프로세스	핵심통제 항목	테스트 대상기간	테스트 수행 방법	예외사항/미비점	최종평가
자금	신규 계좌 개설·변경 시 CFO 승인	10~12월	계좌변경 신청·승인서 검토	없음 (중간평가 미비점 개선됨).	적정
자금	법인인감 및 OTP 사용 통제 (감사팀 이중승인)	10~12월	사용대장, 승인흔적 확인	없음.	적정
자금	일일 자금입출금 대사 (ERP vs 은행잔고)	10~12월	표본 10일치 대사 기록 확인	없음.	적정
구매·비용	Vendor Master 생성·변경 검토 (재무팀 승인)	10~12월	변경요청서·증빙 검토	없음.	적정
외주용역비	외주용역비 청구·검수·지급 3자 매칭	10~12월	발주·검수보고서·세금계산서 매칭	없음.	적정
급여	급여 변동사항 승인 및 HR-회계 분리	10~12월	인사발령·급여대장 검토	없음.	적정
결산조정	주요 분개(충당부채·이연세금 등) CFO 승인	12월 말	분개전표·근거검토	없음.	적정
결산조정	재고실사 차이 조정 검토 및 승인	12월 말	실사보고서 vs ERP 대조	없음.	적정
재무보고	연결조정분개 검토 및 승인	12월 말	연결조정 전표·근거 확인	없음.	적정
재무보고	재무제표 작성 시 검토(CFO, 감사(위원회) 보고)	12월 말	결산보고서, 재무제표 초안 vs 최종본 비교	없음.	적정
법인세	법인세 산출 내역 외부세무자문 검토 반영	12월 말	세무조정계산서, 자문보고서 확인	없음.	적정
공시	사업보고서/주석 공시 검토(특수관계자 거래, 우발채무 등)	12월 말	주석 vs ERP/계약 검토	없음.	적정

기말 운영평가 보고
(경영진 보고)

본사 대회의실

길게 뻗은 타원 테이블 위에 책자 두께의 보고서가 자리마다 놓여 있다. 표지에는 「아이넥사 내부회계관리제도 20XX 기말 운영평가보고서」. 벽면 스크린에는 아젠다가 떠 있다. ① 개요·범위 ② 핵심통제 테스트 결과 ③ 예외사항 및 개선 ④ 결산·공시 통제 ⑤ 외부감사 팀 코멘트 ⑥ 질의응답·결론

박세진 대표이사 : "다들 시간 맞춰줘서 고마워요. 오늘은 내부회계 기말 평가의 결론을 명확히 하고, 외부감사와도 보조를 맞추는 자리입니다. 나 수석, 시작하시죠."

나동제 수석 : "네, 대표님. 배포해드린 보고서와 요약 슬라이드를 보며 설명해드리겠습니다. 결론부터 말씀드리면, 10월부터 12월까지의 기말 운영평가와 결산 관련 통제 테스트 결과, 중요한 취약점(Material Weakness)과 유의한 미비점(Significant Deficiency)은 식별되지 않았습니다. 중간 평가에서 지적되었던 일부 미비점은 10월에 즉시 개선했고, 기말까지 안정적으로 운영되는 것을 확인했습니다."

테이블 위에서 몇 장의 페이지가 넘겨지는 바스락거림이 잦아든다.

평가 개요·범위

나동제 수석: "범위는 전사적 수준 통제(윤리·거버넌스·ITGC 포함), 업무수준 핵심통제(매출/채권, 재고, 외주용역비, 무형자산, 급여, 자금), 그리고 기말에만 작동하는 결산·법인세·공시통제까지입니다. 방법론은 위험중심 접근으로 핵심통제별로 속성 테스트를 했고, 기말기간(10-12월) 샘플을 중심으로 적정성 확인까지 문서화했습니다. 특히 경영진 검토통제(MRC)는 검토 빈도·임계치·증빙을 명확히 확인했습니다."

박정도 감사: "샘플링은 어떻게 했습니까? 중간과 기말이 분리되니 모집단도 달랐을 텐데."

나동제 수석: "네, 경영진 주장별 위험평가와 통제 빈도(일일·월간·분기/연말)에 따라 4분기 모집단에서 선별했고, 결산통제는 전수 또는 주요 항목 중심 전수 검토를 원칙으로 했습니다."

핵심통제 테스트 결과 (프로세스별)

스크린에는 표가 뜬다.

'프로세스 / 핵심통제 / 10-12월 테스트 / 결과'

나동제 수석: "첫째, 매출·매출채권입니다.
- 신규계약·신규고객 승인 통제는 4분기 샘플 전 건 승인흔적이 적정했고,
- 출고 기준 매출 인식(Cut-off)은 12/31 전후 건에 대해 출고·송장·ERP 인식일이 일치했습니다.

- 대손충당금은 회수이력·법무자문·고객 신용등급 변화까지 근거가 붙은 상태에서 CFO 승인까지 확인했습니다."

나동제 수석 : "둘째, 자금 프로세스입니다.
- 계좌 개설·변경은 11월·12월 처리건을 대상으로 CFO 승인과 사유 명확성 확인,
- 법인인감·OTP 사용은 이중승인 흔적과 사용대장 서명 전건 확인,
- 일일 자금 대사는 ERP–은행잔고 차이 발생분 소명까지 샘플링했습니다.
- 중간평가에서 문제였던 계좌현황 업데이트 지연은 10월부터 월말 전수조회 체계로 개선되어 정상 운영을 확인했습니다."

박정도 감사 : "부정 징후(자금유용, 유령거래처 등) 탐지 관점의 예외사항은 없었습니까?"

나동제 수석 : "Vendor Master 변경 시 은행계좌 변경 요청에 대한 콜백 검증과 블랙리스트 체크 로그를 확인했고, 이상 징후는 없었습니다."

나동제 수석 : "셋째, 구매·외주용역비입니다. 발주–검수–세금계산서 3자 매칭이 정상 작동했고, 이탈 금액은 허용치 미만이며 원인 소명도 충분했습니다."

나동제 수석 : "넷째, 급여는 HR–회계 분리, 급여 변동 승인, 휴·복직 반영 통제가 적정했습니다. 다섯째, 무형자산은 연말 손상징후 평가, 내부개발비 자산화 요건 재검토, 사용권자산 포함 리스 회계처리 검토까지 이상 없었습니다."

결산·법인세·공시 통제(기말 전용 통제)

나동제 수석 : "이 부분은 공영칠 회계사께서 외부전문가로서 테스트에

참여하셨습니다.

- 결산조정분개(충당·이연법인세·연결조정)는 근거파일·검토 체크리스트·CFO 전자승인을 세트로 확인했고,
- 법인세 산출은 외부 세무자문 검토의견이 반영되었고, 세무조정계산서와 차이분 조정 내역의 적정성을 확인했습니다.
- 공시통제(주석, 특수관계자, 우발채무)는 사업보고서·주석 초안을 ERP 데이터·계약·이사회 의사록과 대조했고, 대표공시 항목은 감사(위원회) 사전검토 절차가 문서화되어 있습니다."

김윤정 상무 : "공시오류 방지 차원에서, 올해는 특수관계자 정의와 범위 변경이 있었는데 반영됐나요?"

나동제 수석 : "네. 법인 간 거래·핵심 경영진 보수·보증 등 공시범위 체크리스트를 업데이트했고, 마감 전 양식별 사전검토 절차를 가동했습니다."

IT 일반통제(ITGC)·접근권한·변경관리 Q&A

박세진 대표이사 : "접근권한 재검토(UAR)와 수퍼유저계정 모니터링은 어떻습니까?"

나동제 수석 : "12월 정기 UAR을 완료했고, 특권계정은 보안시스템 로그로 상시 모니터링 중입니다. 개발-테스트-운영 분리, 변경관리 티켓과 릴리즈 승인도 케이스별로 첨부돼 있습니다."

공영칠 회계사 : "ITGC는 중간에 경미한 지연이 있었으나 10월부터 정상화됐고, 그간의 지연분은 상세 보완절차로 커버가 됐다고 판단합니다."

박세진 대표이사 : "랜섬웨어나 장애 대비 복구훈련은요?"

나동제 수석 : "연 1회 DR 모의훈련을 했고, 올해는 2회로 늘릴 계획입니다."

부정위험·윤리·제보채널

박정도 감사 : "한편, 부정위험은 결국 문화의 문제이기도 합니다. 제보채널과 교육은 충분했나요?"

나동제 수석 : "익명 제보채널은 연중 상시 운영했고, 4분기에 자금·계약 관련 윤리 교육을 전 직원 이수 완료했습니다. 고위험부서는 사례 중심 심화교육을 별도로 진행했습니다."

공영칠 회계사 : "윤리·컴플라이언스 교육 수료기록을 표본 확인했고, 고위험 부서 대상 강화는 바람직하다고 생각합니다."

나동제 수석 : "정리하겠습니다.

1. 10~12월 기말기간 및 결산·공시·법인세 통제를 포함한 운영의 효과성 테스트 결과, 중요한 취약점과 유의한 미비점은 없었습니다.
2. 중간평가 이슈(계좌현황 업데이트 지연, 일부 접근권한 검토 지연 등)는 10월 개선 후 지속적으로 정상 운영되었습니다."

회의실의 공기가 한결 가벼워진다.

후속 일정

스크린에 다음 단계가 뜬다.

- (오늘) 감사님께 기말 운영평가 최종본보고
- (이번 주) 외부감사팀과 표본·증빙 크로스체크 마감
- (월말) 경영진 평가보고서 / 서명본 확정

박정도 감사 : "좋습니다. 수고 많으셨습니다."

박세진 대표이사 : "모두 고생했어요. 결산은 숫자, 내부회계는 습관과 문화입니다. 올해는 '정확한 결산' 위에 '예방이 되는 통제'를 한 층 더

올립시다."

나동제 수석이 조용히 고개를 숙인다. 옆에서 공영칠 회계사가 낮은 목소리로 말한다.

공영칠 회계사 : "나 수석님, 훌륭하셨습니다. 내년엔 더 견고해질 겁니다."
나동제 수석 : "도움 주셔서 감사합니다, 공 회계사님!"

회의가 끝나고 사람들은 보고서를 들고 자리에서 일어난다. 창밖 겨울 햇살이 회의실 테이블 위를 길게 스친다.

10장

대표자와 감사의
내부회계관리제도 평가 결론

대표자의 내부회계관리제도
운영실태보고서 결론

CEO 집무실

책상 위에 두꺼운 '내부회계관리제도 운영실태보고서(안)'가 놓여 있다. 나동제 수석과 공영칠 회계사가 준비한 보고서를 CEO가 마지막으로 검토 중이다.

박세진 대표이사 : "두 분, 이 보고서의 결론은 대표자인 제가 직접 책임지고 표명하는 거죠?"

나동제 수석 : "네, 맞습니다. 가이드라인에 따르면 대표자는 기말 현재 내부회계관리제도의 효과성에 대해 명확하게 '효과적이다' 또는 '효과적이지 않다'라는 결론을 표명해야 합니다. '대체로 효과적이다' 같은 한정적 문구나 소극적 확신은 허용되지 않습니다."

공영칠 회계사 : "대표님, 중간평가 때 발견된 계좌현황 업데이트 지연, 접근권한 재검토 지연 등은 이미 10월에 개선되었고, 기말평가에서도 효과적으로 운영되는 것을 확인했습니다. 따라서 올해 결론은 '중요성의 관점에서 효과적으로 설계되어 운영되고 있다고 판단됩니다'가 맞습니다."

대표이사는 잠시 눈을 감고 곰곰이 생각하다가 고개를 끄덕였다.

박세진 대표이사 : "좋습니다. 보고서를 마무리합시다."

감사보고(이사회 전)
박정도 감사가 참석한 자리. 스크린에는 보고서 요약본이 띄워져 있다.

박세진 대표이사 : "아이넥사의 내부회계관리제도는 20XX년 12월 31일 현재, 중요성의 관점에서 효과적으로 설계되어 운영되고 있다고 판단됩니다."

박정도 감사는 고개를 끄덕이며 자료를 훑는다.

박정도 감사 : "대표님, 혹시 이 결론을 도출하면서 외부감사인과도 협의했습니까?"
박세진 대표이사 : "예, 감사님. 외부감사인도 독립적으로 통제 운영을 재검증했고, 중요한 취약점이나 유의한 미비점은 발견되지 않았습니다. 권고사항은 문서화 정밀성 보완과 예외보고 주기 강화 정도입니다."
나동제 수석 : "그 내용은 내년도 운영절차서에 이미 반영할 예정입니다."

감사의 내부회계관리제도
평가 결론

감사 집무실, 2월 중순

책상 위에 2권의 보고서가 놓여 있다. 하나는 대표이사의 「내부회계관리제도 운영실태보고서」, 다른 하나는 감사가 직접 검토하며 작성 중인 「내부회계관리제도 평가보고서(안)」다.

감사(상근) : "대표이사가 효과적이라고 결론을 내렸으니, 나는 감독자의 시각에서 독립적으로 검증해야 합니다. 가이드라인에 따르면 감사도 명확히 '효과적' 또는 '효과적이지 않다'라고 결론을 내야 하지, 애매한 표현은 허용되지 않습니다."

경영진 보고서 검토

감사는 대표이사가 제출한 운영실태보고서를 꼼꼼히 훑는다. 보고서에는 10~12월 기말 운영평가 결과와 결산 관련 통제 테스트 결과가 담겨 있다.

감사 : "계좌현황 업데이트 지연, ERP 권한 검토 지연…. 중간평가에서 드

러났던 문제들은 모두 개선됐군. 외부감사인도 동일한 확인을 했다고 기록돼 있어. 그렇다면 평가기준일 현재, 중요한 취약점은 없는 셈이지."

추가 절차 수행
감사는 재무팀에 요청해 표본 일부를 재검증한다.

감사 : "12월 결산조정 분개, 특히 충당부채와 이연법인세 전표는 내가 직접 확인해야겠어."

재무팀 직원이 자료를 가져온다.

재무팀 직원 : "여기 결산조정 전표와 CFO 전자승인 내역입니다."
감사 : "좋습니다. 근거자료와 승인흔적이 명확하군요. 대손충당금 검토도 직접 확인한 대로 경영진 보고서와 일치합니다."

감사의 평가보고서 작성
컴퓨터 화면에 문구가 입력된다.
'감사는 20XX 회계연도 말 현재 회사의 내부회계관리제도가 중요성의 관점에서 효과적으로 설계되어 운영되고 있다고 판단한다.'

감사
"좋아, 애매한 표현 없이 단정적으로 적어야 한다. 가이드라인이 요구하는 대로."

11장

외부감사인의
내부회계관리제도 기말감사

외부감사인의
내부회계관리제도 기말감사

2월 중순, 아이넥사 회의실 – 감사 개시회의

봄비가 내리던 2월 둘째 주, 지민회계법인의 기말감사팀이 아이넥사 본사에 도착했다. 회의실 문이 열리자, 익숙한 얼굴들이 보였다. 지난 10월 중간감사 때도 이곳을 찾았던 임정민 회계사(파트너), 박지연 회계사(인차지), 정유나 회계사였다.
테이블 한쪽에는 아이넥사의 김윤정 상무(CFO), 나동제 수석, 그리고 공영칠 회계사가 대기 중이었다.

임정민 파트너 : "상무님, 오랜만입니다. 중간감사 때보다 얼굴이 편안해 보이시네요."

김윤정 상무 : (웃으며) "그만큼 이번엔 준비가 잘 됐다는 뜻입니다. 나 수석님이 정말 열심히 했습니다. 내부회계 TF를 꾸려서 기말평가도 이미 마무리했습니다."

박지연 인차지 : "네, 저희가 확인할 건 바로 그 '기말 운영평가' 결과죠. 감사보고서에 내부회계관리제도 의견을 담으려면, 경영진 평가의 신뢰성부터 검증해야 합니다."

공영칠 회계사 : "운영평가 TF에서 프로세스별 샘플 테스트까지 완료했습니다. 결산 이후 개선된 통제의 재수행도 있었고요. 모든 결과는 문서화해두었습니다."

임정민 회계사가 노트북을 켜며 말했다.

임정민 파트너 : "좋습니다. 저희는 아시다시피 경영진의 내부회계관리제도 운영평가 문서를 '감사인의 독립적 평가 기준에 따라 검토할 예정입니다. 즉, 아이넥사의 내부평가결과에 더해서, 저희의 표본으로 직접 테스트를 수행하게 됩니다."

회의실에 잔잔한 긴장감이 감돌았다. 나동제 수석은 자신의 노트를 가볍게 쥐며 고개를 끄덕였다. 이번에는 경영진 평가와 외부감사인의 판단이 완전히 일치할 수 있을까.

다음 날 오전, 박지연 인차지는 팀원 정유나 회계사와 함께 아이넥사 재무팀 자리로 향했다. 오늘의 목표는 3가지였다. 경영진의 기말 운영평가 결과 검토, 중간평가 이후 보완된 통제의 실제 작동 여부 확인 감사인 자체 샘플링 및 재테스트 수행이다.

매출·수주 프로세스 테스트

정유나 회계사는 영업부의 계약폴더를 열었다. 그녀는 11월 이후 체결된 3건의 계약서를 무작위로 뽑았다. 각 계약서에는 CFO 승인 서명, ERP 계약등록번호, 그리고 검수완료 보고서가 첨부되어 있었다.

정유나 회계사 : "확인했습니다. 계약승인 절차는 문서로 완전하게 남아 있네요. ERP에도 동일한 계약번호가 등록되어 있고요."
박지연 회계사(인차지) : "좋아요. 그럼 진행률 인식도 테스트합시다. 검수일 기준으로 매출이 정확히 인식되었는지."

그녀는 12월 프로젝트 하나를 무작위로 골랐다. 검수서 서명일은 12월 28일, ERP 매출인식일도 12월 28일이었다. 매출 인식의 타이밍이 일치했다.

박지연 회계사 : "좋습니다. 경영진의 테스트와 동일한 결론입니다. 운영의 일관성이 확보됐어요."

자금·지급 프로세스 테스트
그날 오후, 이도윤 총무팀 선임이 합류했다. 그는 외주업체 지급과 은행 잔액 대사표를 들고 있었다. 지민회계법인은 동일 표본 중 일부를 직접 재검증하기로 했다.

박지연 회계사 : "12월 외주지급건을 직접 확인하겠습니다. ERP 전표, 이체로그, 결의서 3가지가 일치해야 합니다."

이도윤 선임이 관련 폴더를 열자, 세 문서가 동일한 금액으로 매칭되어 있었다. 이체 로그에는 CFO의 OTP 승인기록이 있었다.

임정민 회계사(파트너) : (자료를 넘기며) "좋아요. 전형적인 예방통제이고, 이체 로그가 존재한다는 건 통제의 증거입니다. 문서 검사만으로도 확신을 가질 수 있습니다."

다음은 은행잔액 대사. 감사팀은 ERP 잔액과 은행명세서를 직접 비교했다. 12월 31일 기준, 모든 계좌의 잔액이 일치했다.

정유나 회계사 : "은행 대사표에 회계팀장과 CFO의 서명이 모두 있습니다. 수동통제 절차도 적정하게 작동했네요."
박지연 회계사 : "이건 '운영 증거'로 충분하네요. 재수행은 생략해도 될 것 같습니다."

급여 및 법인카드 프로세스
외부감사팀은 박현지 선임을 만나 인사·급여 및 법인카드 통제를 검토했다. 아이넥사의 내부평가에서 가장 개선된 분야이기도 했다.

박현지 선임 : "지난번 문제였던 퇴사자 급여 반영 지연은 HR시스템 자동연동으로 해결했습니다. 오늘 보여드릴 샘플은 12월 급여대장과 인사명부입니다."

정유나 회계사는 급여대장을 열어 '퇴사자' 표기를 확인했다. 11월 말 퇴사자의 급여는 자동 제외되어 있었고, HR 로그에 퇴사일이 연동되어 있었다.

정유나 회계사 : "자동통제가 적정하게 작동하고 있네요. 수동 검증보다 훨씬 신뢰도 높습니다."

그다음은 법인카드 명세서 테스트. 외부감사팀은 11월 명세서에서 5건을 임의 추출해 영수증 첨부 여부를 확인했다. 모든 건에 영수증이 스캔되어 있었고, 업로드일이 결제일로부터 평균 2.3일. 내부 기준(3일 이내)을 충족했다.

박지연 회계사 : "좋습니다. 증빙 누락 없음. 운영 통제의 정착을 확인했습니다."

결산·세무·공시 통제
외부감사팀은 공영칠 회계사와 함께 결산 및 공시 관련 문서를 검토했다. 이번에는 아이넥사의 CFO도 동석했다.

임정민 파트너 : "이번 기말평가에서 우리가 중점적으로 보는 건 충당부채, 이연법인세, 그리고 주석 공시입니다. 이건 단순한 문서검사가 아니라 판단(Professional Judgment)의 영역이에요."

공영칠 회계사는 이미 경영진 평가 시 작성된 산정표를 건넸다. 충당부채 항목에는 '소송예상비용 2억 원'이 포함되어 있었다. 외부감사팀은 법무 파트를 통해 받은 변호사 확인서를 통해 동일한 금액이 제시되었음을 확인했다.

정유나 회계사 : "법무 확인서 일자 2월 15일, 충당부채 산정일자 2월 16일. 즉시 반영됐습니다."

다음은 이연법인세 검토표. 외부감사팀은 공영칠이 작성한 일시적 차이 분석표를 재수행했다. 회계상 감가상각비와 세법상 감가상각비 차이가 반영되어 있었으며, 세율 22% 적용 결과도 정확히 일치했다.

박지연 회계사 : "이건 '문서검사 + 재수행'의 교과서적인 사례네요. 이연법인세 검토를 이렇게 깔끔하게 하는 회사, 중소기업에선 보기 드뭅니다."

마지막은 공시 통제. 외부감사팀은 DART 제출본과 아이넥사 내부 초안을 비교했다. 특수관계자 거래, 우발채무, 법인세 구성표 모두 일치. 단, 윤리서약서 갱신 관련 주석은 경영진의 '추후 보완 예정'으로 기재되어 있었다.

임정민 파트너 : "공시상 주석 기재도 충분합니다. 미갱신은 통제결함이 아니라 '행정적 지연' 수준이에요. 감사의견에 영향 없습니다."

ITGC 및 전사통제 검토

다음은 IT 및 전사통제 검토였다. 나동제 수석이 직접 프레젠테이션을 준비했다.

나동제 수석 : "저희는 SAP 같은 대형 ERP를 쓰진 않습니다. 대신 회계·자금·인사 모듈이 연동된 범용 클라우드 ERP를 사용하고 있습니다. 이번에 ITGC에서 보완한 부분은 접근권한관리와 백업 검증입니다."

외부감사팀은 퇴직자 ID 삭제 이력부터 확인했다. 로그에 따르면 12월 2일부로 퇴직한 직원의 ID는 이틀 후(12월 4일)에 시스템에서 자동 삭제

되었다. 중간평가 때는 한 달이나 걸렸던 절차였다.

정유나 회계사 : "삭제 주기가 주 단위로 단축된 게 눈에 띄네요. 이건 확실한 개선 효과입니다."

그 다음은 백업 검증 로그.
서버의 백업이 매일 새벽 2시 자동 실행되고, 검증 리포트가 IT 담당자와 CFO에게 자동 메일로 발송되었다.

박지연 회계사 : "자동 백업 + 모니터링 보고체계. 중소기업 수준에서 이 정도면 우수합니다."

임정민 파트너가 고개를 끄덕이며 말했다.

임정민 회계사 : "좋습니다. ITGC는 내부회계관리제도의 뼈대죠. 이게 안정적으로 작동해야 수동통제도 신뢰할 수 있습니다."

감사 종결회의
감사팀은 다시 아이넥사 회의실에 모였다. 테이블 위에는 '내부회계관리제도 감사결과 요약서'가 놓여 있었다. 모두의 시선이 임정민 파트너에게 모였다.

임정민 회계사 : "결론부터 말씀드리죠. 지민회계법인은 아이넥사의 내부회계관리제도에 대해 '적정(UNQUALIFIED)' 의견을 제시할 예정입니다."

회의실에 환한 미소가 번졌다.

박지연 회계사 : "우리가 테스트한 모든 핵심통제가 일관적으로 운영되었습니다. 중간평가에서 발견된 미비점들은 전부 보완되었고요. 특히 자금·급여·결산 영역의 증빙 수준이 매우 우수했습니다."

정유나 회계사 : "그리고 ITGC 통제가 안정적으로 작동하고 있고, 문서검사와 재수행 모두 신뢰할 수 있었습니다."

공영칠 회계사 : "좋은 결과입니다. 이제 아이넥사도 외부감사에 대응 가능한 내부통제체계를 갖췄다는 뜻이네요."

나동제 수석 : (조용히 미소 지으며) "다행입니다. 처음엔 통제를 위해 문서를 만들었는데, 지금은 통제가 우리 문화를 바꿔놓은 것 같습니다."

임정민 파트너가 결산보고서 초안을 덮으며 말했다.

임정민 회계사 : "회계감사는 단순히 오류를 찾는 일이 아닙니다. '믿을 수 있는 회사'를 증명하는 과정이죠. 아이넥사는 이제 그 자격을 충분히 갖췄습니다."

12장

이사회 보고

대표이사의 '내부회계관리제도 운영실태보고서' 이사회 보고

이사회가 모인 자리에서 박세진 CEO는 정식 보고를 올린다.

박세진 대표 : "오늘 의안은 내부회계관리제도 운영실태보고서 결론 승인입니다. 경영진의 평가와 감사·외부감사인의 협의 결과, 20XX 회계연도 말 현재 우리 회사의 내부회계관리제도는 중요성의 관점에서 효과적으로 설계·운영되었습니다."

사외이사 : "혹시 주주총회에도 동일한 내용으로 보고되는 건가요?"

나동제 수석 : "네. 외감법에 따라 주총에서 대표자가 운영실태를 보고해야 합니다. 오늘 승인된 이사회 보고서가 주총 자료로도 사용됩니다."

박세진 대표 : "좋습니다. 제가 주총에서 직접 읽을 결론 문구도 동일합니다. 이제 아이넥사의 회계투명성에 대해 주주들께도 당당히 설명할 수 있겠군요."

회의가 끝난 뒤, 박세진 대표는 보고서 표지에 자신의 서명을 한다. '대표이사 박세진'이라는 굵직한 글씨가 보고서 마지막 장에 새겨진다.

박세진 대표 : (혼잣말) "내부회계관리제도는 단순히 규제 대응이 아니야.

결국은 회사 신뢰의 기반이지."

나동제 수석은 고개를 끄덕이며 속으로 다짐했다.

'내년에는 더 정밀한 문서화와 모니터링으로, 이 결론이 형식이 아니라 실질임을 보여드리자.'

감사의 '내부회계관리제도 운영실태평가보고서'
이사회 보고

대표이사의 운영실태보고 발표가 끝난 후 감사가 자리에서 일어난다.

박정도 감사 : "이사회 여러분, 저는 대표이사의 운영실태보고서를 검토하고, 별도의 평가 절차를 수행했습니다. 그 결과, 아이넥사의 내부회계관리제도는 20XX년 12월 31일 현재, 중요성의 관점에서 효과적으로 설계 및 운영되고 있다고 판단됩니다."

사외이사 : "대표이사의 결론과 동일한 평가군요. 혹시 별도로 지적할 미비점은 없습니까?"

박정도 감사 : "경미한 미비점은 있었지만 모두 기말 이전에 개선되어 결론에 영향을 주지 않았습니다. 단, 문서화의 정밀성과 모니터링 주기의 보완은 권고사항으로 제안하겠습니다."

이사회 의장 : "좋습니다. 오늘 안건은 감사의 평가보고서 승인을 포함해서 정리하겠습니다. 이 결과는 주주총회에도 보고될 예정입니다."

[참고] 아이넥사의 경우, 상장 중소기업으로 자산총액이 1,000억 원 이상 2조 원 미만에 해당하므로, 내부회계관리제도 관련 감사기구 운영에 대해 중요한 법적 요건이 적용된다.

관련 법적 기준

1. 감사기관 설치 요건(규모별 상장회사)

- 자산총액 1,000억 원 이상~2조 원 미만 상장회사는 다음 중 하나를 반드시 선택해야 한다.
  - 상근감사 1명 이상 선임
  - 또는 감사(위원회)(특례 형태) 설치
  - 이 2가지 중에서 하나를 의무적으로 갖추도록 되어 있다.

  즉, 아이넥사처럼 자산총액이 이 범주에 해당하는 경우에는 비상근감사로만 둘 수 없고, 반드시 상근감사를 두거나 감사위원회로 대체해야 한다.

2. 감사위원회 설치 대상 기준

- 자산총액 2조 원 이상인 상장회사는 반드시 감사위원회를 설치해야 하며, 이 경우에는 감사를 둘 수 없다.
- 또한, 자산총액 1,000억 원 이상인 회사가 감사위원회를 설치한 경우에는 상근감사 설치 의무가 면제된다.

13장

아이넥사 정기주주총회
- 내부회계관리제도 보고

아이넥사 정기주주총회
- 내부회계관리제도 보고

주총일

2월 말, 아이넥사 본사 대강당. 300여 명의 주주와 기관 투자자, 애널리스트들이 모여 있다. 무대 위에는 '제20XX년 정기주주총회' 현수막이 걸려 있고, 단상에는 의장석과 발표대가 준비돼 있다.

사회자 : "지금부터 주식회사 아이넥사 제20XX년 정기주주총회를 개회하겠습니다. 오늘 안건은 재무제표 승인, 이익배당, 이사·감사 선임과 보수한도 승인, 그리고 내부회계관리제도 운영실태보고입니다. 특히 올해는 회사의 신뢰와 투명성 확보를 위해 내부회계관리제도 관련 보고에 주주 여러분의 많은 관심이 집중되고 있습니다."

대표이사의 운영실태보고 발표

대표이사(CEO)가 단상으로 올라와 보고서를 펼친다. 주주들의 시선이 집중된다.

박세진 대표이사 : "존경하는 주주 여러분, 저는 회사 대표이사로서

20XX 회계연도 내부회계관리제도 운영실태를 보고드리겠습니다. 당사는 외부감사법 제8조 제4항에 따라 매 사업연도 종료 후 내부회계관리제도 운영실태를 주주총회와 이사회에 보고할 의무가 있습니다. 이에 따라 경영진은 지난 1년간 제도의 설계 및 운영을 점검하고, 중간평가와 기말평가 절차를 통해 얻은 결과를 종합했습니다."

대표이사는 준비된 슬라이드를 넘기며 핵심내용을 하나씩 설명한다.
- 중간평가 : 계좌현황 업데이트 지연, ERP 접근권한 재검토 지연 등의 미비점 발견 → 10월에 즉시 개선
- 기말평가 : 개선사항이 정상적으로 작동했는지 재검증, 결산·법인세·공시 통제 포함.
- 외부감사인의 감사 : 중간감사와 기말감사에서 독립적인 샘플링 및 평가수행
- 최종 결론 : 중요한 취약점(Material Weakness) 없음, 유의한 미비점(Significant Deficiency) 없음.

박세진 대표이사 : "종합적으로 검토한 결과, '20XX년 12월 31일 현재 아이넥사의 내부회계관리제도는 중요성의 관점에서 효과적으로 설계되어 운영되고 있다고 판단됩니다' 이 문구 그대로 운영실태보고서에 반영했음을 알려드립니다."

주주들 사이에서 고개를 끄덕이는 모습이 보인다.

감사의 평가보고 언급
단상 옆에 앉아 있던 박정도 감사가 발언 요청을 한다.

박정도 감사 : "주주 여러분, 저는 회사의 감사로서 내부회계관리제도의 독립적인 평가를 수행했습니다. 대표이사가 제출한 운영실태보고서를 검토하고, 필요한 핵심 통제에 대해서는 직접 표본을 재확인했습니다. 그 결과, 대표이사의 보고는 실질적으로 타당하며, 기말 기준일 현재 내부회계관리제도가 효과적으로 작동했음을 확인했습니다. 따라서 저 또한 '중요성의 관점에서 효과적으로 설계·운영되었다'는 동일한 결론을 내렸습니다."

잠시 정적이 흐르다가, 주주들의 박수가 조용히 이어진다.

박정도 감사 : "저의 내부회계관리제도 평가보고서는 이미 이사회에 제출되었고, 본점에 5년간 비치해 주주 여러분께서도 열람하실 수 있도록 하겠습니다."

외부감사인의 감사보고 의견
사회자가 순서를 이어간다.

사회자 : "다음은 외부감사인 지민회계법인의 감사의견 보고입니다."

아이넥사 담당 감사파트너 임정민 회계사가 단상에 올라선다.

임정민 회계사(외부감사인) : "주주 여러분, 지민회계법인은 아이넥사의 20XX년 재무제표와 내부회계관리제도에 대한 감사를 수행했습니다. 재무제표에 대해서는 '적정 의견'을 표명했으며, 내부회계관리제도에 대해서는 다음과 같은 결론을 내렸습니다.

'아이넥사의 내부회계관리제도는 중요성의 관점에서 효과적으로 설계되어 운영되고 있으며, 중요한 취약점은 발견되지 않았습니다.'

이 감사보고서는 이미 주주총회 자료집에 포함되어 있으며, 금융감독원 전자공시시스템에도 공시됩니다."

주주들의 질의응답
한 기관 투자자 주주가 손을 든다.

주주 A : "대표이사님, 그리고 감사님. 내부회계관리제도가 효과적으로 운영되고 있다고 하셨는데, 혹시 내년에 개선이 필요한 부분은 무엇인지요?"

박세진 대표이사 : "좋은 질문입니다. 중간평가에서 발견된 미비점은 이미 개선했지만, 외부감사인과 감사가 권고한 사항이 있습니다. 경영진 검토통제의 정밀성을 문서화하고, 예외보고 주기를 더 짧게 가져가는 것입니다. 내년 절차서에 반영해서 더 견고한 제도를 운영하겠습니다."

또 다른 개인 주주가 묻는다.

주주 B : "감사님, 감사 평가보고서를 주총에서 직접 보고하지 않는 이유가 있습니까?"

박정도 감사 : "법령상 저는 이사회에 보고하고, 본점에 비치하는 의무를 가집니다. 주총에서 대표자가 운영실태보고서를 보고하는 것이 의무사항입니다. 하지만 오늘과 같이 필요하다면 주총 자리에서도 보고 취지를 직접 말씀드릴 수 있습니다."

마무리

의장(이사회 의장) : "대표이사의 운영실태보고, 감사의 평가 결론, 외부감사인의 감사의견이 모두 '적정'으로 일치했습니다. 이는 우리 회사의 회계투명성과 내부통제 신뢰성을 주주 여러분께 보여드린 중요한 성과입니다. 이제 다른 안건으로 넘어가겠습니다."

주주총회장은 차분한 안도와 신뢰의 분위기로 가득하다.
회의가 끝난 뒤, 나동제 수석은 조용히 무대를 내려오는 대표이사와 상근감사, 외부감사인을 바라보며 속으로 생각한다.

나동제 수석 : (마음속으로) '설계, 운영, 평가, 감사… 수많은 절차를 거쳐 여기까지 왔다. 주주총회에서 모든 이해관계자가 같은 결론을 공유하는 이 순간이야말로 내부회계관리제도가 진짜 제도로 자리잡았다는 증거다.'

그는 다시금 각오를 다진다.

"내년에는 권고사항까지 완벽히 반영해, 더 이상 흠잡을 데 없는 체계를 만들어야겠다."

에필로그

새로운 시작

3월 말, 정기주주총회와 사업보고서 공시까지 모두 끝났다. 대표이사와 감사, 외부감사인, 그리고 자문역 공영칠 회계사까지 한목소리로 '아이넥사의 내부회계관리제도는 효과적으로 설계·운영되었다'라고 결론지은 직후였다.

모든 보고가 끝나자마자, 나동제 수석은 CFO에게 며칠 휴가를 요청했다. 허락을 받은 그는 짐을 싸서 강원도의 작은 해안 마을로 향했다. 벚꽃이 막 피어나는 4월 초, 파도 소리를 들으며 그는 지난 1년을 곱씹었다.

나동제 수석 : (혼잣말) "설계평가, 운영평가, 중간감사, 기말감사, 주총 보고까지…. 끝없이 달려온 한 해였다. 중간평가에서 드러난 미비점은 차갑게 느껴졌고, 외부감사인의 날카로운 질문에 잠 못 이루던 밤도 많았는데, 이제는 당당히 '효과적으로 운영되었다'라고 보고할 수 있었으니, 모든 노력이 헛되지 않았구나."

휴가 내내 그는 마음을 내려놓았다. 파도와 바람, 낯선 풍경 속에서 한 가지 깨달음이 더욱 선명해졌다.

나동제 수석 : (속마음) '내부회계관리제도는 규제가 아니라 회사의 신뢰를 지탱하는 뼈대다. 나 자신에게도 성장의 도구였네.'

복귀 첫날, 경영진 회의

휴가를 마치고 돌아온 4월 둘째 주 월요일, 본사 대회의실. 스크린에는 '아이넥사 20XX년 내부회계관리제도 운영계획(안)'이라는 제목이 띄워져 있다. CEO, CFO, 상근 감사, 나동제 수석, 그리고 자문역 공영칠 회계사가 자리에 앉아 있었다.

박세진 대표이사 : "나 수석, 휴가는 잘 다녀왔습니까? 지난 1년간 정말 고생 많았어요. 당신의 보고를 듣고 확실히 느꼈습니다. 내부회계관리제도는 단순히 법을 지키는 절차가 아니라, 우리 회사를 지탱하는 신뢰의 근간이라는 것을요."

김윤정 상무 : "외부감사인도 적정 의견을 줬고, 감사도 같은 결론을 냈습니다. 그 과정에서 경영진도 제도의 중요성을 실감했습니다. 사실 작년까지만 해도 '형식적 의무'라는 인식이 있었는데, 이제는 아니죠."

나동제 수석 : "감사합니다. 하지만 솔직히 말씀드리면, 작년 한 해는 모든 걸 혼자 짊어진다는 부담이 너무 컸습니다. 설계 문서화부터 운영테스트 증빙 정리까지 손이 열 개라도 모자랐습니다."

박세진 대표가 미소를 지으며 말을 이었다.

박세진 대표 : "그래서 결론을 내렸습니다. 내부회계관리 파트에 전담 스텝을 1명 더 충원하기로 했습니다. 이제 나 수석 혼자서 모든 걸 떠맡지 않아도 되도록요."

나동제 수석 : (놀란 표정으로) "정말입니까? 그럼 테스트 설계, 증빙 수집, 체크리스트 관리 같은 반복 업무는 신규 스텝이 지원할 수 있겠군요. 저는 이제 통제 체계의 전반적 관리와 개선에 집중할 수 있겠습니다."
김윤정 상무 : "맞습니다. 이제 내부회계관리제도는 단순히 감사 대응이 아니라, 회사의 운영체계와 직결된 영역입니다. 사람을 보강해야 지속 가능합니다."

옆에서 조용히 듣고 있던 공영칠 회계사가 차분히 입을 열었다.

공영칠 회계사 : "저도 지난 1년 동안 아이넥사와 함께하면서 많은 것을 느꼈습니다. 처음에는 '상장 4년 차 회사가 내부회계관리제도를 과연 얼마나 진지하게 받아들일까' 하는 의문이 있었습니다. 하지만 나 수석과 함께 설계부터 평가, 외부감사 대응, 주총 보고까지 전 과정을 겪으면서, 아이넥사의 체질이 달라졌음을 확인했습니다."

그는 잠시 말을 멈추고 미소를 지었다.

공영칠 회계사 : "특히 주총에서 대표이사께서 당당하게 '효과적으로 운영되었다'고 보고하는 장면을 보면서, 이 제도가 단순히 형식적 컴플라이언스가 아니라 경영진과 주주 모두에게 신뢰를 주는 언어가 된다고 확신했습니다. 저 역시 회계사로서 큰 보람을 느꼈습니다."
박정도 감사 : "공 회계사님의 역할이 컸습니다. 독립적인 시각으로 경영

진과 감사 사이를 연결해주셨으니, 제도 정착에 큰 힘이 되었습니다."

공영칠 회계사는 겸손하게 고개를 숙였다.

회의가 끝나고 모두가 자리를 떠난 뒤, 나동제 수석은 창가에 서서 벚꽃이 흩날리는 거리를 바라본다.

나동제 수석 : (속마음) '작년에는 제도에 끌려다니며 겨우겨우 버텼다. 하지만 이제는 다르다. 대표이사와 CFO, 감사, 외부감사인, 그리고 공영칠 회계사까지 모두 같은 결론을 공유했다. 경영진이 드디어 내부회계관리제도의 가치를 인정하고 인력까지 충원해줬네. 이제 나는 혼자가 아니다. 드디어 '팀'으로서 이 제도를 운영할 수 있겠구나."

그는 노트북을 켜고, 새 파일을 연다. 제목은 「20XX년 내부회계관리제도 운영계획」. 첫 페이지에 그는 이렇게 적는다.

'올해는 '지속 가능한 통제문화'의 원년으로 삼는다. 그리고 이 여정을 함께할 동료와 자문역이 있다.'

새로운 한 해가 시작되었다. 그리고 아이넥사의 여정도 또다시 이어지고 있다.

이야기로 배우는 내부회계관리제도 실전 가이드

'내부회계관리제도' 미로 탈출기

제1판 1쇄 2025년 12월 15일

지은이 임방진, 김승주
펴낸이 허연 　　　　**펴낸곳** 매경출판㈜
기획제작 ㈜두드림미디어
책임편집 신슬기, 최윤경　　**디자인** 김진나(nah1052@naver.com)
마케팅 한동우, 박소라, 임성아

매경출판㈜
등록 2003년 4월 24일(No. 2-3759)
주소 (04557) 서울시 중구 충무로 2(필동 1가) 매일경제 별관 2층 매경출판㈜
홈페이지 www.mkbook.co.kr
전화 02)333-3577
이메일 dodreamedia@naver.com(원고 투고 및 출판 관련 문의)
인쇄·제본 ㈜M-print 031)8071-0961

ISBN 979-11-6484-830-0 (03320)

책 내용에 관한 궁금증은 표지 앞날개에 있는 저자의 이메일이나
저자의 각종 SNS 연락처로 문의해주시길 바랍니다.

책값은 뒤표지에 있습니다.
파본은 구입하신 서점에서 교환해드립니다.